# THE GREAT STAGNATION

How America Ate All the Low-Hanging Fruit of Modern History, Got Sick, and Will (Eventually) Feel Better

Tyler Cowen

タイラー・コーエン

若田部昌澄 解説　池村千秋 訳

# 大停滞

NTT出版

# 大停滞

The Great Stagnation
How America Ate All the Low-Hanging Fruit of Modern History,
Got Sick, and Will (Eventually) Feel Better
by Tyler Cowen

This edition published by arrangement with Dutton,
a member of Penguin Group (USA) Inc.
through Tuttle-Mori Agency, Inc., Tokyo

## 本書を推薦する言葉

過去三〇年間の歴史に関する常識を根本から揺さぶる一冊。

――ライアン・アベント（エコノミスト）

本書を読み終えると、コーエンの主張を裏づける実例が社会のいたるところで目につきはじめる。良書とはそういうものなのだろう。

――エズラ・クライン（ワシントン・ポスト）

一九七〇年代以降、アメリカ人の所得は伸び悩み、貧富の格差は広がっている。この〝大停滞〟の原因について、コーエンはほかの多くの論者より説得力ある分析を披露している。

――ニック・シュルツ（フォーブス）

コーエンが鮮やかに描き出したように、今日の新しいテクノロジーはわれわれに大きな幸福をもたらしたが、経済活動は信じがたいほどわずかしか拡大させていない。

――デービッド・ブルックス（ニューヨーク・タイムズ）

いまエコノミストの間で最も話題を呼んでいる本の一つ。

——レネ・モンターニュ（NPR「モーニング・エディション」）


この何倍もの分量がある書籍の大半より、鋭い洞察に富み、重要な題材を取り上げており、挑発的な主張を展開している。

——ジェームズ・クラブツリー（フィナンシャル・タイムズ）

コーエンは本書により、みずからが経済論議に欠かせない存在であることを実証した。

——マシュー・シェファー（ナショナル・レビュー）

コーエンに言わせれば、私たちは、経済成長の原動力となる〝容易に収穫できる果実〟を食べつくしてしまったのに、それまでと同じように振る舞い続けた。金融危機の原因について、コーエンは控えめながらも、きわめて鋭い指摘をしている——私たちは自分たちを実際以上に豊かだと誤解していたのだ、と。

——ブレット・スワンソン（フォーブス）

経済停滞の原因は、〝容易に収穫できる果実〟が消滅したことだと、コーエンは主張する。コーエンいわく、賢い子どもたちの就学の機会を増やすだけで、手軽に経済を成長させられた時代は終わった。今日も教育の質を高めれば経済成長を促す効果はあるが、賢い一二歳の子どもをあと数年間学校に通わせるだけで大きな効果を生み出せた時代のようには、もはやいかないのだ。

――ティム・ハーフォード（フィナンシャル・タイムズ）

いまワシントンで最も話題をさらっている本は、タイラー・コーエンの『大停滞』だ……常識に挑戦する独創的な内容で、新しい発見を次々と与えてくれる。読みやすく、しかもきわめて簡潔に書かれている。

――ブリンク・リンゼー（フォーブス）

新しい議論の枠組みを打ち出すことにかけて、タイラー・コーエンは、二〇一〇年代のトーマス・フリードマンと呼べるかもしれない。

――ケリー・エバンズ（ウォールストリート・ジャーナル）

経済論議を様変わりさせる力をもつ本だ。問題の存在こそ直感的に理解されていたものの、これまで議論するための枠組みがなかったテーマに、人々の目を向けさせた。

――スコット・サムナー（マネーイリュージョン・ドットコム）

すべての人に『大停滞』を読んでほしい……きわめて刺激的な本を書いてくれたタイラー・コーエンに感謝したい。

――リーハン・セーラム（ナショナル・レビュー）

道を切り開いた
マイケル・マンデルと
ピーター・シールに捧げる

# 日本語版への序文

「いつも言っていることなのだが、もしあなたが毎日、日本のことを考えていないとすれば、あなたはまだ眠りから覚めていないと言わざるをえない」。こう書いたのは、二〇〇八年のことだった。それから三年がたったが、いまも私は毎日、日本のことを考えている。

一九八〇年代、アメリカでは、「未来はまず日本に訪れる」とよく言われていた。日本が世界経済の覇者になると思われていたのだ。その予想ははずれたが、未来が最初に訪れたのは、たしかに日本だった。

バブル崩壊以降、日本経済はほとんど成長していない。むしろ、いくつかの面では後退した。実質賃金も減少している。それでも、日本は低成長時代への移行を非常にうまく成し遂げた。政治は比較的安定しているし、日本人はモノやサービスの漸進的改良に喜びを感じられるようになった。いまでも、日本は素晴らしい国だ。世界の多くの国は、日本をうらやんでいる。もしそうでないとすれば、うらやむべきだ。とりあえずいまのところ、日本人は経済の停滞と共存する方法を見つけている。この点は、かつての高度経済成長に匹敵する偉業と言えるかもしれない。

実は、一九七三年以降、アメリカも〝大停滞〟を経験してきた。この本で述べるように、アメリカの経済成長は、多くの人が思っているより、そして一部の主要な経済統計が示すより、ずっと緩やかなものにとどまってきた。西ヨーロッパの国々でも経済成長のペースが落ちている。

二〇〇八年の世界金融危機を招いた一因は、この〝大停滞〟だった。平たく言えば、私たちは自分たちのことを金持ちだと勘違いし、たくさん金を借りても十分に返済できると思って莫大な借金をしたが、実際は自分で思っていたほど金持ちでなく、金融危機という形で自信過剰と自己満足のツケを払わされた。

なぜ、アメリカが景気後退からいつまでも抜け出せずにいるのかも、〝大停滞〟というキーワードで説明がつく。イノベーション（技術革新）が停滞しているせいで、アメリカ経済は新しい雇用を十分に生み出せていないのだ。正確に言えば、大半の労働者の技能に適した雇用を創出できていないのである。教育の生産性も向上していない（というより、後退している可能性もある）。きわめて多くの金を医療に支出しているが、その支出に対する見返りは小さくなるばかりだ。おまけに、政治は機能不全に陥っていて、私たちが身の丈以上の支出をするのを放置している。

〝大停滞〟がいつ終わるのかは、誰にもわからない。しかし、明日目が覚めたときに問題がすべて解決していることを期待するのは、少なくとも間違っている。アメリカ人は、「新しい現実（ニュー・ノーマル）」のなかで生きなくてはならない。その点で、アメリカ人にとって日本人は先輩である。アメリカ人もしばらく前から新しい世界に生きていたが、そのことにいままで気づいていなかっただけのことだ。

この先の数年間は、目を離せない時代になるだろう。ただし、明るい時代が訪れると断言する自信はない。

二〇一一年

タイラー・コーエン

# 大停滞——目次

# ハードカバー版序文

「私のキンドルにサインしていただけますか?」と読者に言われれば、著書の宣伝のために書店を訪れた著者は冗談だと思うだろう。しかし、それが冗談でなくなりつつある。目端の利く起業家たちはすでに、電子的な方法で著者が読者のキンドルやヌークやiPadなどの電子書籍端末に「サイン」するための新しいテクノロジーを開発しはじめている。電子サインだけでなく、フェイスブックやツイッターにそのままアップできるように、著者とファンが並んで映った写真を提供するケースもある。「オートグラフィー」というサービスはその一例だ。

たしかに、素晴らしい発明ではある。しかし現時点では、万人がこの発明の恩恵に浴せるわけではない。本書『大停滞』で強調したように、イノベーション(技術革新)が社会に浸透する過程は長い時間を要する。新しいテクノロジーが広く普及して私たちの生活を一変させるまでに、何十年もかかる場合がある。そればかりか、イノベーションの成果が活用されないまま終わるケースも少なくない。電子書籍の潜在的な恩恵の多くも、まだ実用化されていない。考えてみれば、電気が経済を様変わりさせるまでには数十年を要した。生産者としても消費者としても、私たちは自分で思っているほど急進的にイノベーションを推し進めているわけではないのだ。

『大停滞』(英語版)はもともと、電子書籍版限定で刊行された。これは、本書で展開している議論の一つを意識した選択だった。本書で指摘したように、今日の世界には多くのイノベーションがあふれているが、そのほとんどは一般家庭に大きな恩恵をもたらしていない。平均的な家庭は、電子書籍端末をもっていないだろう。そもそも、紙の書籍にせよ電子書籍にせよ、平均的な消費者がわざわざ本を買って読むかどうかも疑わしい。

私としては、電子書籍版限定で刊行することにより、本の中で取り上げた根本の問題に言及するという遊び心を発揮したつもりだった。電子書籍という本書の出版形態そのものが〝大停滞〟仮説に対する反証になっていると指摘した論者もいたが、それはまったく見当違いだ。

ふたを開けてみれば、『大停滞』は、私も含めてほとんど誰も予想していなかったほど大きな成功を収めた。ニューヨーク・タイムズ、フォーブス、エコノミスト、フィナンシャル・タイムズなど、さまざまなメディアが「二〇一一年最大の話題の書」と呼び、それをきっかけにますます注目が集まり、議論に火がついた。その結果、本書に対する需要が高まった。それに応えるために、私は本書の供給を増やしたいと考えた。よきエコノミストとしては当然の行動だ。

テクノロジーに詳しい読者のなかには、既存の大半の電子書籍にデジタル著作権管理（DRM）システムが組み込まれていることに苛立ちを感じている人もいる。DRMシステムのせいで、電子書籍は紙の本と違って回し読みができない。図書館が電子書籍を購入しても、永遠にその本を所蔵できる保証はない。出版元がスイッチ一つで本を「回収」できてしまう（この点は激しい議論の的になっている）。紙の本は電子書籍よりプレゼントしやすいし、（ときには）教室で教科書として使いやすい。しかも、アマゾン・ドット・コムやB&Nドットコム、アップルのiブックストアなどの電子書籍書店は、まだ世界のどこでも利用できるわけではない。

世界の隅々まで確実に行き渡るという点では、紙の本のほうが上だ。それに、個人的な趣味を言わせてもらえば、私は紙の本をもって旅行に出かけ、読み終わった本を旅先のどこかに置いてくることがよくある。そうすれば、見知らぬ誰かが本を見つけて、喜んで読んでくれるかもしれない。

そういうわけで、私は『大停滞』を紙のハードカバーの形でも出版することにした。と言っても、心配しないでほしい。時代を逆行しようというわけではない。次に、『大後退』という本を書くつもりもない。『大停滞』の電子書籍版は引き続き販売される。あなたのニーズに合ったほうを選んでもらえればと思う。もちろん、両方購入してくれるのであれば、それを制止する気は毛頭ない。

紙の本を刊行するにあたり、文章を手直ししたいという誘惑は抑えた。したがって、紙の本の内容は電子書籍版と同じだ。二〇一一年一月に電子書籍版が発売されて以降も、本書の議論は説得力を失っていないと私は感じている。むしろ、当時より説得力をもちはじめているようにすら思える。ただし、ほかの研究者の業績に敬意を払うために、第1章の註にいくつかの文献を追加した。電子書籍版刊行以降の議論や批判に関しては、私のブログ「マージナル・レボリューション・ドットコム（www.marginalrevolution.com）」を参照してほしい。

読みやすい文章を書くよう心がけたつもりだ。『大停滞』が私たちの知性を豊かにする〝容易に収穫できる果実〟になっていればうれしい。

さあ、どうぞ、この果実を召し上がれ。

# 謝辞

有益なコメントを寄せてくれた以下の面々に感謝したい。ピーター・シール、ダニエル・サッター、アレックス・タバロック、ギャレット・ジョーンズ、ブライアン・カプラン、ロビン・ハンソン、マイケル・マンデル、スティーブン・モロー、ナターシャ・コーエン、テレサ・ハートネット、ジョン・ナイ、ジェーソン・フィクナー、ミシェル・ドーソン、ネーサン・モルテニ、マイケル・マンガー、デューク大学のセミナー参加者たち、ハイム・レムク。

第1章

# 容易に収穫できる果実は食べつくされた

## 無償の土地、イノベーション、未教育の賢い子どもたち

アメリカ経済は混乱し、精彩を欠いている。大恐慌以来最悪の金融危機に見舞われたあと、失業率は高止まりしたままで、景気が「二番底」に落ち込むのではないかという不安もぬぐえずにいる。世界経済を不況から引っ張り出そうとしているのもアメリカではなく、その役割はアジアの国々が担っている。最近の三度の――つまり、一九九一年、二〇〇一年、二〇〇九年の――景気回復はことごとく、いわゆる「ジョブレス・リカバリー（雇用拡大をともなわない景気回復）」だった。雇用の回復を置き去りにして、企業収益だけが立ち直ったのだ。

一九七〇年代以降、アメリカ人の所得の中央値はきわめて緩やかにしか上昇していない。二、三〇年ごとに生活水準が二倍に向上し、人々が平均していまよりずっと経済的に豊かだった時代とは、状況が変わってしまった。すでに成し遂げたはずの経済成長も、金融危機により一部がふっとんだ。二〇〇〇年以降の「ゼロ年代」に実現した繁栄の多くは、莫大な借金と膨張した住宅価格、そして経済に対する幻想が生み出したものにすぎなかったのである。いまアメリカ経済は、二〇〇八年の経済生産の水準を取り戻すこともままならない。雇用の総数は、金融危機前から一〇年間にわたって増えていない。社会保障支出の増大、借り入れに大きく依存する体質、課題を先送りする習性が原因で、長期の財政危機にも苦しめられている。

政治も問題を抱えている。中流層が経済的に苦しみ、政府が必ずしも適切に機能せず、未来の社会保障支出をまかなう手立てが見いだせない状況でも、民主党は政府支出を増やそうとする。一方、共和党に政策らしい政策があるとしても、減税をすれば歳入が増え、経済成長が後押しされるという現実離れした主張だけだ。共和党が政権を握ると、民主党政権以上に財政を悪化させるケースが多い。

いずれの政党の支持者も現実を認めるべきだ。問題の解決策に関しては党派によって意見がわかれるかもしれないが、政治に問題があること自体は否定しようがない。政治的論議や政治的行動はますます左右の両極端に過激化しており、誠実な中道派の声は、両派がぶつけ合う怒号にかき消されている。

アメリカ人はたいてい、経済的苦境の原因として対立政党の経済政策を非難したり、外国との競争の激化をやり玉にあげたりする。しかし、経済がうまくいっていない本当の理由は、このいずれでもない。いまアメリカ経済が抱えているすべての問題の根底には、一つの見落とされがちな事実がある。私たちは過去三〇〇年以上、いわば〝容易に収穫できる果実〟を食べてきた。経済の繁栄をもたらす果実がふんだんにあるという前提のもと、社会と経済の制度を築いてきたのだ。しかし私たちは、そういう果実をほとんど食べつくしてしまった。

果樹園に行くと、手を伸ばせばすぐ摘み取れる場所にサクランボがたくさん実っている。南洋の楽園には、木の枝にオレンジやバナナがどっさりぶら下がっている。このような果実は簡単に収穫でき、しかも調理する手間をかけずにすぐ食べられる。

アメリカ経済は少なくとも一七世紀以降、新しい有益なテクノロジーなど、経済版の〝容易に収穫できる果実〟に恵まれてきた。四〇年ほど前、その果実が手に入らなくなりはじめると、私たちはそれに気づかないふりをするようになった。しかし現実には、経済がイノベーションの停滞期に入っており、果物の木々は目を背けたくなるくらい丸裸になっている。簡単に言えば、それがいまの状況だ。

以前は、一八世紀に起きた産業革命により世界が分厚い壁を破り、急速な経済成長が永遠に続くようになったと思われていたが、今日の一般的な見方によれば、経済はときおりイノベーションの停滞期に陥ると考えられている。現在、経済はそういう停滞期にあり、成長を牽引する新たな革命はまだ到来していない。

少なくとも人口の多い国に関して言えば、長らく経済的な繁栄を謳歌してきた国々に、ある共通の傾向が見て取れる。一九七〇年代以降、どの国でも経済成長がことごとく減速しているのである。これは、イノベーションのペースが落ち込んだことの表れだ。特定の事件が原因で経済成長が鈍化したわけではない。これまでの成長の源泉が枯渇しつつあるにもかかわらず、次の源泉をまだ見いだせていないことに、問題の本当の原因がある。

アメリカの歴史を振り返ると、主に三種類の〝容易に収穫できる果実〟が経済成長を後押ししてきた。

## 1　無償の土地

一九世紀末まで、アメリカには手つかずの肥沃な土地がふんだんにあり、自由に利用できた。そうした未開拓の土地は、近くに湖や川があり、農業用水に恵まれている場合も多かった。ヨーロッパから移住した人たちは新天地で勤勉に働き、祖国にとどまった農民たちとは対照的に生活水準を高められた。アメリカは比較的短い間に、世界で最も豊かな国になった。一七八三年の独立後ほどなく、その地位を確立していたと言っていいだろう。このようなアメリカの大変貌は、肥沃な大地ときわめて自由度の高い社会が組み合わさった賜物という面が大きかった。

アメリカは、未開拓の土地（その多くが先住民から奪ったものだという事実を忘れてはならない）から莫大な恵みを得ていただけではない。豊富な資源に引き寄せられて、ヨーロッパのきわめて優秀で向上心ある人たちが続々とアメリカに移住してきた。そういう移民労働者を受け入れることによっても、アメリカ経済は〝容易に収穫できる果実〟を摘んでいたのである。

## 2 イノベーション（技術革新）

一八八〇年から一九四〇年にかけて、数々の目覚ましい新技術が私たちの生活に取り入れられた。電力、電灯、強力なモーター、自動車、航空機、家電製品、電話、水道、医薬品、大量生産システム、タイプライター、テープレコーダー、写真、テレビなどが登場した。鉄道と高速船舶はそれ以前から存在したが、この時期に急速に普及し、世界経済の一体化を推し進めた。もう少し期間を広げると、農業の分野でも収穫機や草刈り機などの農業機械が相次いで導入され、強力な農薬が次々と開発された。この時代に取り入れられたテクノロジーの多くは、強力な化石燃料エネルギーで最新の機械を動かすという発想に立っていた。この二つの要素の組み合わせはそれまで人類の歴史に存在しなかったものだが、これ以降、私たちはその種のテクノロジーを飛躍的に発展させていった。

では、今日の世界はどうか。一見すると魔法のテクノロジーに思えるインターネットを別にすれば、物質的な面に限ると、私たちの暮らしは一九五三年以降たいして変わっていない。自動車も、冷蔵庫も、電気照明も（調光器が普及したのは比較的最近だが）当時すでにあった。一九六〇年代のテレビアニメ『宇宙家族ジェットソン』で描かれた未来の驚異のテクノロジーは、まだ実現していない。噴射装置を背負って宇宙旅行をする時代は訪れていないし、火星に植民地を建設して定住する人も現れていない。生活は便利になったし、身の回りのモノの種類も増えたが、変化のペースは祖父母や曽祖父母の世代に比べて緩やかになった。

テレポーテーション（瞬間移動）のマシンがあれば、私たちの生活は格段に便利になるだろうが、大型冷蔵庫が家にやって来て、キューブ状の氷とクラッシュ状の氷を簡単につくれるようになったところで、生活は多少便利になる程度にすぎない。自分の生活に引き寄せて考えれば、誰でもその違いを肌で理解できるのに、経済全体のことを考えるときはこの視点を忘れてしまう。しかしこの点にこそ、今日の危機の本質がある。〝容易に収穫できる果実〟はほぼすべて摘み取られてしまい、現在は経済成長をもたらす果実が手に入らなくなっているのだ。

ある世代より上のアメリカ人は、一九六九年のアポロ一一号計画の月面着陸こそ、科学技術の進化の歴史において旧時代と新時代を隔てる象徴的な出来事だと思っているだろう。当時、月面着陸は人々を興奮させ、新しい時代の幕開けを告げるものだともてはやされた。しかし実際には、古いテクノロジーの進化がゴールに到達した瞬間だったと考えたほうがいい。月面着陸は、私たちの日々の生活のなにを変えただろうか。焦げつきにくいフッ素樹脂加工のフライパンが登場し、宇宙飛行士が愛飲した粉末ジュースが人気になり、目を奪われるような月世界の写真がいくつか公開された。あとは、宇宙に関する知識が増えたくらいだ。鉄道や自動車と違って、月面着陸は私たちの生活を変えなかったのである（おまけに最近は、フッ素樹脂加工のフライパンの問題点も取り沙汰されている）。

## 3　未教育の賢い子どもたち

一九〇〇年のアメリカでは、高校卒業年齢の人口に占める高校卒業者の割合が六・四％にとどまっていた。一九六〇年には、この割合が六〇％に達した。わずか六〇年で、高校卒業率が一〇倍近くに上昇した計算になる。この数字は一九六〇年代後半に約八〇％まで高まったが、その後は下落に転じ、いまは最も高かった時期より六％ほど低い数字になっている。二〇世紀はじめには、隠れた天才たちが大勢、適切な教育を受けず、文字どおり畑に縛りつけられていた。頭脳明晰で向上心の強い若者をそうしたくびきから解き放ち、高校に通わせれば、経済の生産性を大幅に向上させられた。二〇世紀を通じて、高校だけでなく、大学への進学率も上昇した。一九〇〇年の時点で大学に通う人は四〇〇人に一人しかいなかったが、二〇〇九年には一八〜二四歳のアメリカ人の四〇％が大学に通っている。しかし、二一世紀に、このような大きな進歩は期待できない。むしろ、いくつかの重要な面で状況が後退している。

いま大学に入学してくる学力最低レベルの学生とは、どのような若者だろうか。明快な文章を書けず、おそらく文章の読解力も不十分で、基本的な計算もできない学生たちだ。現在、大学生のおよそ三人に一人は卒業せずに中退する。一九六〇年代の五人に一人に比べて、この割合は著しく上昇している。卒業率が全米最低レベルの二〇〇の大学では、卒業までこぎつける学生の割合がわずか二六％にとどまる。この種の大学の平均的な学生は、高校でも成績が悪く、大学で勉強するために必要な学力が備わっていない。その大学の学力最底辺の学生だけがそうなのではなく、平均的な学生がそういう状況なのだ。潜在的な才能はあっても、過酷な家庭環境で育ち、大学教育の恩恵を活かせる状態にない若者もいるかもしれない。

このような学生の多くに十分な教育を施すことは、不可能でないし、望ましいことでもある。そのための努力をもっとおこなうべきだ。しかしそれは、〝容易に収穫できる果実〟を摘み取るのとはわけが違う。長く厳しい道のりになるだろう。手ごわい障害の数々に行く手をさえぎられ、しかもその努力が大きな恩恵をもたらすという保証もない。

一九七〇年代頃まで、アメリカの経済成長はこの三種類の〝容易に収穫できる果実〟に支えられていた。しかし今日では、そのすべてがかなり食べつくされてしまった。

電気や水道がなくなったわけではないが、ほとんどの人はすでにそれを利用しており、その経済的恩恵やその他の面での恩恵を当たり前のものと考えている。新たな進歩を実現することが以前より難しくなっている状況で、将来の生活水準の向上をどうやって実現していくかが問題なのだ。

私たちが活用してきた〝容易に収穫できる果実〟は、私がここにあげた以外にもたくさんあるのではないかと、読者は思うかもしれない。安価な化石燃料や、アメリカ合衆国憲法に謳われた建国の父たちの知恵も、〝容易に収穫できる果実〟ではないのかという指摘も聞こえてきそうだ。しかし過去四〇年間、化石燃料は常に安価で調達できたわけではない。ましてや、現実の政治や社会で建国の精神がどこまで忠実に守られてきただろうか。それでも、「現代のアメリカは五つの〝容易に収穫できる果実〟を土台に築かれた。そのうち、まだ残っているのはせいぜい二つになってしまった」と言いたければ、それはその人の自由だが。

新たな〝容易に収穫できる果実〟が出現しつつあると考える人もいるかもしれない。雇用市場で女性やアフリカ系アメリカ人などに対する差別を減らしていけばいいのではないか、という考え方もあるだろう。たしかに、女性やアフリカ系アメリカ人がもっと生産性の高い職に就くようになれば、アメリカ経済全体も恩恵を受ける。しかしこの面でも、過去四〇～五〇年の間にすでにかなり状況は改善している。その点を考えるとやはり、将来の経済成長は、引き続き比較的緩やかなペースにとどまる可能性がある。経済成長を加速させる原動力という側面に限って言えば、差別撤廃における重要な進歩はもう実現済みなのである。

過去に私たちは、一つや二つでなく、数多くの〝容易に収穫できる果実〟に恵まれてきた。今後もなんらかの形で新たな果実を得られるのかもしれない。長い目で見れば、私は経済の先行きを楽観している。しかし現時点で、〝容易に収穫できる果実〟が非常に乏しいという事実は否定しようがない。インターネットを別にすれば（インターネットに関しては第3章で論じる）、私たちは過去数十年、ものごとの漸進的な改良によって、かろうじて経済を成長させてきた。だが、その程度の進歩では、生活水準が飛躍的に向上することはない。

一方、世界には、アメリカやほかの先進国にはない〝容易に収穫できる果実〟をもっている国がたくさんある。その果実は、次の方法によって収穫する。

**アメリカやカナダ、ヨーロッパ、日本の最良のテクノロジーと仕組みを借用する。**

経済学の世界では、このような経済成長の形態を「キャッチアップ（追いつき）型成長」と呼ぶことがある。世界経済の先頭を走る国には実践できない戦略だが、中国などの国々はこのやり方を学び、成果を手にしつつある。アメリカなどの主要経済国の経済が減速しても、世界経済全体は力強い成長を続けられる。アメリカの経済的地位が相対的に低下しても、世界経済の先行きを楽観できる理由はたくさんあるのだ。

話を次に進める前に、〝容易に収穫できる果実〟に恵まれた時代が終わりを告げたことをデータで見ておこう。

次のグラフは、アメリカの世帯所得の中央値の推移をまとめたものだ。期間は一九四七～二〇〇七年。金額は二〇〇七年の貨幣価値に換算してある。

国民の大半に恩恵をもたらす新しいアイデアがどの程度生み出されているかを数値化して表す場合、単一の指標としては所得の中央値が最も的確な指標だ。このグラフを見ると、状況は暗い。黒い線は、実際の世帯所得の中央値の推移。グレーの線は、第二次大戦後間もない時期のペースのまま所得が伸び続けたと仮定した場合の値の推移である。一九七三年前後に、世帯所得の中央値の成長率が減速していることがわかるだろう。これは、〝容易に収穫できる果実〟が失われはじめた時期として私が指摘している年代と一致する。第二次大戦直後と同じペースで世帯所得の中央値が伸び続けていれば、その金額はいま頃すでに九万ドルを突破していたはずだ。

二〇〇七年以降の状況はもっとひどい。現時点で二〇〇七年以降の値を論じるのは誤解を招くという批判もあるだろう。いまのアメリカの不景気には景気循環的側面があり、経済が力強い景気回復の軌道に乗れば状況が改善するという見方もあるからだ。しかし、金融危機により、一〇年かけて築いてきた成長（実にささやかな成長なのだが）が消え失せて

**アメリカの世帯所得の推移**（中央値、1947～2007年）

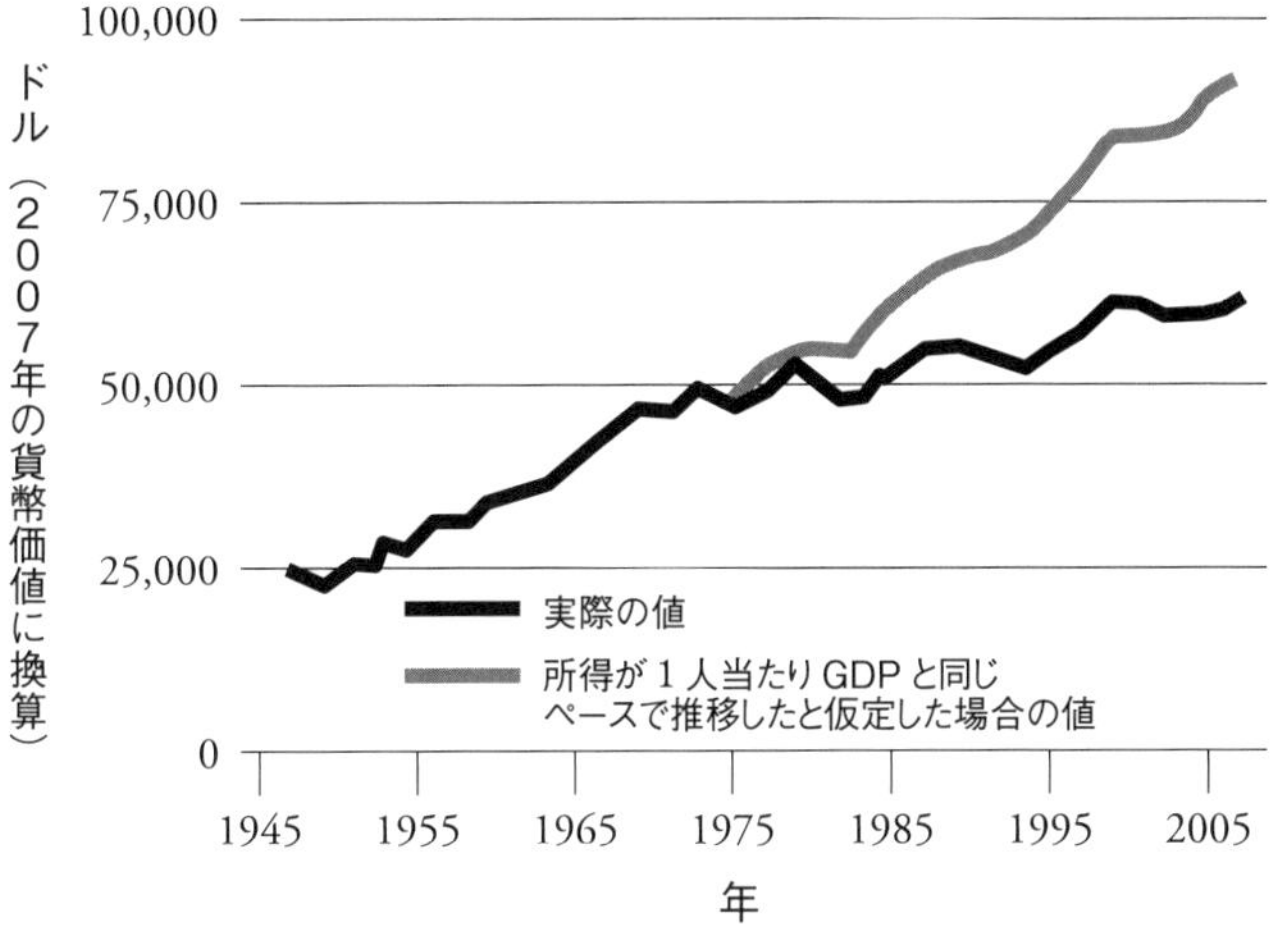


出所：Lane Kenworthy, "Slow Income Growth for Middle America", *Consider the Evidence*, September 3, 2008.

しまったことは事実だ。世帯所得も一〇年前より減少している（第5章で述べるように、金融危機による後退を近い将来にすべて取り戻せる見込みはない。しかし、ここではその議論に踏み込むまでもなく、成長が減速していることを理解できるはずだ）。

所得水準を時系列で比較した場合も、同様の結論が得られる。一九四七年、アメリカの世帯所得の中央値は二万一七七一ドルだった。そのわずか二六年後の一九七三年、世帯所得の中央値は二倍以上に伸びて四万四三八一ドルに達した。しかしその三一年後に目を移すと、二〇〇四年の世帯所得の中央値は五万四〇六一ドル。二二％足らずの伸びにとどまっている（金額はすべて二〇〇四年の貨幣価値に換算）。

経済の低成長期が長びくほど、悪影響が蓄積してくる。たとえば年間成長率二％の場合、所得水準なり、国の経済規模なりが二倍に拡大するまでに、およそ三五年を要する。少なくとも所得の金額を基準に判断する限り、人々の生活水準も二倍に向上するまでに同じ年数がかかる。一方、年間成長率が三％だとすると、生活水準が二倍に向上するまでに要する期間は二三年あまり。一世代を三〇年とみなせば、一世代の間に生活水準が二倍に高まる計算になる。七〇年たつと、年間成長率三％の社会は二％の社会の二倍豊かになっている。これは、たとえばアメリカとポルトガルやスロバキアの格差に相当する。一四〇年たつと、年間成長率三％の社会は二％の社会の四倍豊かになる。これは、現在のアメリカとパナマやカザフスタンの格差に匹敵する。ごくわずかでも経済成長が減速すると、その状態が長期化すれば、際立った違いが生まれる。平均的な世帯の所得が四〇年近くにわたって伸び悩んでいることを軽く見るわけにいかない。

世帯所得の低迷など、いまさら指摘されるまでもないと思うかもしれない。しかし問題は、その事実が知られていても、原因が正しく理解されていないことにある。アメリカの左派は問題を重く考えているが、たいてい政府の政策の誤り、富の再分配の不十分さ、教育機会の不備を批判するばかりで、イノベーションの停滞期が訪れている可能性について論じていない。一方の右派は、成長が停滞しているというデータの意義そのものを否定したがる。しかし、世帯所得の中央値が伸び悩んでおり、しかも所得格差が拡大していて、そのうえ途方もない規模の金融危機（それを生んだのは、第5章で述べるように私たちの過剰な自信だった）に見舞われたという事実は、きわめて重い。単なる不適切な統計の産物と切り捨てるべきではない。

世帯所得の中央値が伸び悩んでいるのは、主として世帯の規模が縮小しているからにすぎないという主張もある。しかし、世帯を構成する家族の人数が減っていることは、世帯所得の伸びが低迷している一因でしかない（詳しくは巻末註一三四ページを参照）。一九八九年以降、世帯規模調整済み値と未調整の値はおおよそ同様の伸び率で推移しているし、一九七九年以降、この二つの値の差が〇・三％以上になったことは一度もない。それに、そもそも家族の人数が少なくなれば、世帯として得られる公的支援が減り、世帯全体の収入はさらに減るはずだ。

ほかには、私が用いた世帯所得の中央値の金額がインフレ調整に際して物価インフレ率を過大評価しすぎており、実際のインフレ調整済み世帯所得はもっと高いという批判もある。この指摘は傾聴に値するが、それでも頭に入れておくべきことが二つある。

第一に、現代の世界では、数字に表れない面で生活の質に数々の改善が見られる半面、所得のデータには反映されない新たな問題も次々と現れている。ＨＩＶ感染の拡大や交通渋滞の深刻化はその例だ。

第二に、（こちらのほうが根本的な問題なのだが）生活水準を表す数字としてどのデータを採用するにしても、成長率は一九七三年より今日のほうが低い。一九七三年以降、数字で測れない進歩がたくさんあったかもしれないが、一九七三年以前にもそういう進歩はたくさんあった。というより、所得のデータが経済成長のペースを過小評価する傾向は、一八七〇〜一九七〇年頃のように、新しい商品が続々と市場に投入されて普及していく時代のほうが大きい。統計の偏りを慎重に検討すれば、グラフに表れている以上に、一九七三年以前の経済成長率がいまより高かったと言えそうだ。つまり数字に表れない要因を考慮に入れると、今日の経済成長のペースはもっと悪くなるのだ。

私が世帯所得の中央値に指標として説得力を感じるのは、ほかのさまざまなデータから同様の結論を導き出せるからでもある。GDP（国内総生産）を見てみよう。GDPとは要するに、国内で生み出されたモノとサービスの総額のことだ。

スタンフォード大学の経済学者チャールズ・I・ジョーンズは、アメリカの経済成長の要因を設備投資の拡大、労働時間の増加、研究開発の活性化など、いくつかの構成要素に分類した。そのうえで一九五〇〜九三年の数字を見ると、経済成長の約八〇％は、過去の知識の応用と、教育および研究へのふんだんな投資の組み合わせにより実現していた。このような経済成長の方法をこの先繰り返すのは難しい。端的に言えば、私たちは過去の遺産を食いつぶしてきたのだ。

それに輪をかけて気がかりなのは、ジョーンズの研究によると、新たなアイデアが生み出されるペースがいまの水準にとどまれば、未来の経済成長率が「一％の三分の一」に満たないとされていることだ。あくまでもおおよその試算であり、厳密な予測ではないが、趣旨は私の主張と一致している。しかも、新しいアイデアを多く生み出している国で人口が減り続ければ、数字はもっと小さくなるかもしれない。西ヨーロッパと日本では、現に人口が減少傾向にある。

もっと直接的にイノベーションの件数を数値化した研究結果もある。独立研究者のジョナサン・ヒューブナーが論文に載せているグラフを紹介しよう。中世末期以降の世界のイノベーションの件数（対人口比）の推移を時系列でまとめたものだ。グラフの折れ線上の点は一〇年ごとの平均値。グレーの線は、データの修正正規分布をもとに最小二乗法で割り出した長期トレンドである。

このグラフを見れば明らかなように、平均すると、二一世紀に生きる私たちより、一九世紀の人々のほうが重要な発明を生み出す確率が高かった。一九世紀の教育レベルが高かったからではない。現実はその正反対だ。当時、大学で学ぶ人はほとんどいなかった。それでもイノベーションが活発だった本当の理由は、一九世紀のほうが新たな発明を生み出しやすく、アマチュアでも発明をおこなえたことにある。グレーの線の長期トレンドを見ると、人口当たりのイノベーション件数は一八七三年を境に減少に転じている。これは、

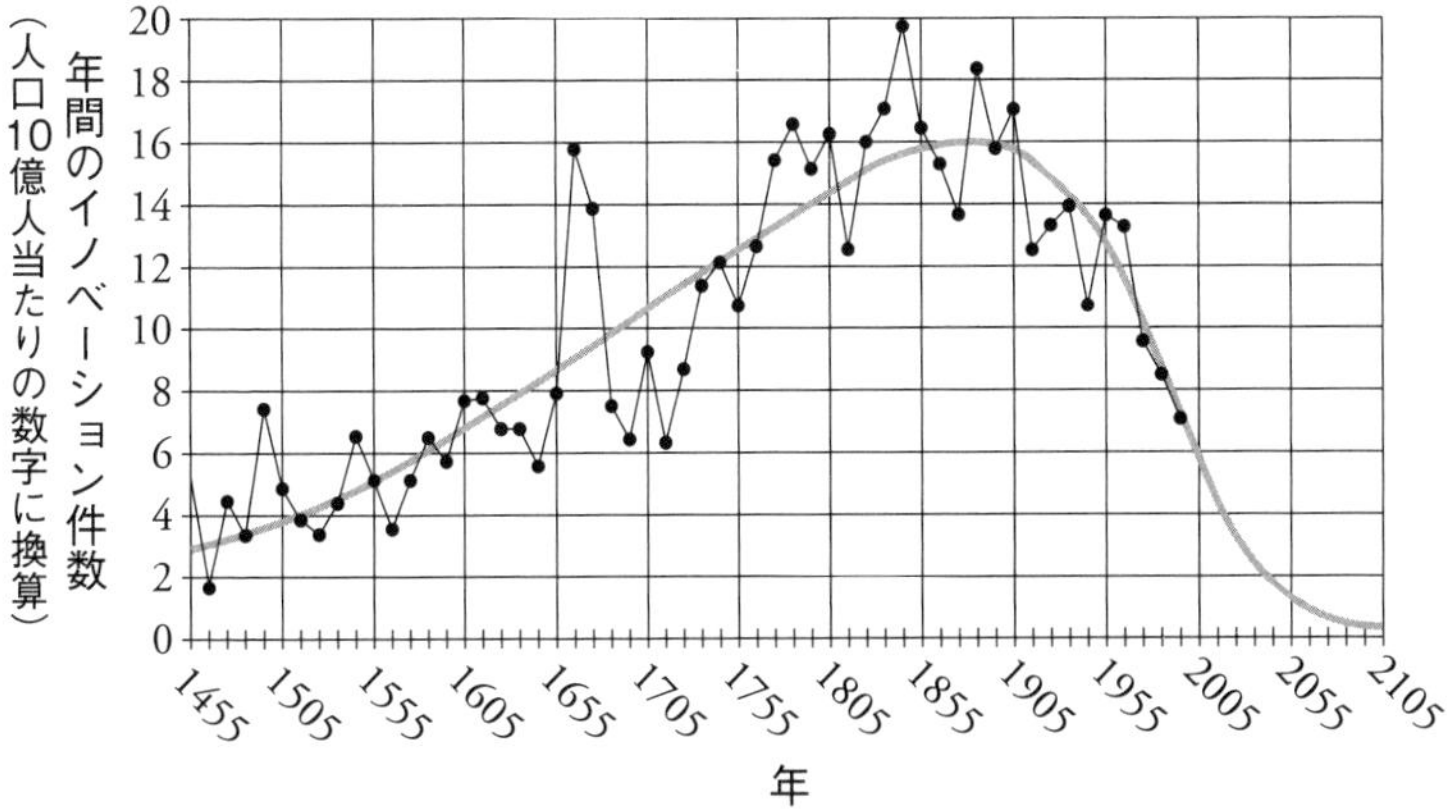


出所：Jonathan Huebner, "A Possible declining trend for worldwide innovation", *Technological Forecasting & Social Change*, 2005, 72, p.982.

電気と自動車の時代への移行が始まった時期とほぼ一致する。人口当たりのイノベーション件数は、一九五五年前後からさらに大きく落ち込みはじめる。イノベーション減速の時代が幕を開けたのだ。

ヒューブナーの研究によれば、一人当たりGDPに対するイノベーション件数や、一人当たり教育支出に対するイノベーション件数を見ても、今日の世界は一九世紀の世界に比べてイノベーションの発生率が低い。有意義なイノベーションをおこなうことが昔に比べて難しくなった結果、イノベーションを実現するために多くの資金を投じなくてはならなくなり、投資回収率が悪化しているのである。

新しく生み出されるアイデアの絶対数がい

まも増え続けていることを否定するつもりはない。この点は、科学研究のデータベースを調べれば一目瞭然だ。しかし、前述のように世帯所得の中央値の伸び率が落ち込んでいる現実を見ても、経済成長の源泉に関するチャールズ・I・ジョーンズの指摘を見ても、近年のイノベーションはほとんどの人にとって、生活水準にごくわずかな漸進的改善しか生み出していないと言えそうだ。

ほかのデータを見ても同じことが言える。一九六五～八九年の間に、研究開発関連の職に雇用されている人の数は、アメリカで二倍、西ドイツ（当時）とフランスで三倍、日本で四倍に増えた。ところが同じ時期、これらの国の経済成長率は下落した。特許の件数もあまり伸びていない。アメリカの特許件数は、一九六六年（五万四六〇〇件）のほうが一九九三年（五万三二〇〇件）より多かった。二〇世紀のほとんどの期間を通して、研究者一人当たりの特許件数も減り続けた。

こうした現象の根底にある事実を指摘すれば、近年のイノベーションの多くは、「公共財」でなく「私的財」の性格を帯びていると言えるだろう。今日のイノベーションは得てして、経済的・政治的な既得権を強化し、ロビー活動によって政府の支援を引き出し、ときには知的財産権の保護を過剰に求め、万人が用いるのではなく一部の人しか用いない商品を生み出している。毎シーズンごとに発表される高級ブランドの新作のハンドバッグをイメージすれば、理解しやすいだろう。

高級ブランドのハンドバッグほどわかりやすくはないかもしれないが、金融危機と関連のある胡散臭い金融イノベーションも、一部の人だけにしか役に立たず、普遍的な公共財とは言えないイノベーションの一例と言える。最近の金融イノベーションがもたらした恩恵の多くは、比較的少数の人の手に渡っているだけだ。

アメリカでは近年、高所得層に占める金融産業関係者の割合が増えている。二〇〇四年の数字を見ると、所得上位〇・〇一％の層に属する人のうち、金融産業以外の株式上場企業の経営幹部は六％に満たない。同じく二〇〇四年、ヘッジファンドのファンドマネジャーの高額所得者上位二五人の所得の合計は、アメリカの代表的な株価指数であるS&P500に採用されている企業全社のCEOの所得の合計を上回った。年収一億ドル以上を得ているウォール街の投資家の数は、同水準の年収を得ている株式上場企業の経営幹部の数の九倍に達していた。過去一〇年を振り返ると、一部にきわめて豊かな人たちがいるが、その層の所得のかなりの部分は金融イノベーションによって得られたもので、普通の人たちはその恩恵を受けていない、と言えるだろう。

イノベーションの減速は、所得格差の拡大というよく指摘されている問題と切っても切れないような関係にある。今日のグローバル経済では労働力と資本が潤沢にあるので、この二つの要素は以前ほど大きな利益を生み出せなくなった。対照的に、新しい有益なアイデアが希少になったので、フェイスブックのようなオンラインサービスや、怪しげな不動産担保証券など、新しいアイデアに関する権利を握る一部の人たちが得る利益は昔より大きくなった。所得格差の拡大とイノベーションの減速はいずれも、イノベーションの主な対象が公共財から私的財に移行していることの表れと言える。

イノベーションの主な対象が公共財から私的財に移行した。このひとことに、現在の〝大停滞〟を生み出しているメカニズムが凝縮されている。今日のマクロ経済の三つの主要な出来事——所得格差の拡大、世帯所得の伸び悩み、そして金融危機（第5章で詳しく論じる）——はすべて、この現象の産物として位置づけられる。

具体的な数字には異論があるかもしれないが、あらためて自分の日々の生活を点検してみてほしい。私はいま四八歳だが、身の回りにある基本的なものは、（インターネットを別にすれば）子どもの頃からたいして変わっていない。二〇世紀初頭に生まれた私の祖母の場合、そんなことはなかった。

問題は、これだけにとどまらない。根本にある問題は、経済統計に表れる以上に深刻なのかもしれない。今日のアメリカではいくつかの有力な産業が振るわず、それが国の経済生産のデータの厳密性をそこなわせている。次の第2章では、そうした産業のうちの三つを取り上げる。

第2章

# 経済の生産性は見かけほど向上していない

政府部門、医療部門、教育部門の本当の「成長力」

もし、経済の生産性が高まっていれば――つまり、少ないものにより、多くのものを生み出したり、多くのものごとを成し遂げたりできるようになったのであれば――別に、それほど騒ぎ立てるほどの問題ではない。その点は間違いない。

そこで、過去数十年の生産性に関する統計を調べてみると、希望がもてそうにも思える。一九七三年～一九九〇年代半ば、アメリカ経済は生産性がきわめて低かったが、それ以降は生産性が大幅に高まっている。一九九六～二〇〇〇年には二・八％のペースで上昇。二〇〇〇～二〇〇四年には、それをさらに上回る年平均三・八％のペースで上昇した。救いようのない事態、というほど、ひどい状況ではなさそうに見える。

しかし、生産性の統計、ひいては国民所得の統計は経済の現実を正確に映し出していないと私は考えている。統計の数字が示すほど、生産性とＧＤＰ（国内総生産）が伸びていない可能性が少なからずあるのだ。IT（情報技術）などの分野で生産性が向上していることを否定するわけではないが、ほかの分野で生産性が減退しているせいで、その効果が打ち消されているのではないかと考えている。簡単な例で説明しよう。二〇〇五年、金融産業がアメリカのGDPに占める割合は八％に達していた。この割合は、二〇〇〇～〇四年の「生産性の急成長期」を通して上昇し続けていた。数字そのものに疑問をはさむつもりはないが、この時期、金融産業はなにを生み出したのか。統計の数字に表れなかっただけで、アメリカの金融産業の成長には問題が潜んでいた。その結果、知ってのとおり、深刻な金融危機が起きた。私たちが「価値の創造」だと思っていた活動が、実は「価値の破壊」にすぎなかったのかもしれない。住宅価格の過度の上昇と過剰な金融イノベーションを生み出しただけだったのではないか。

忘れてならないのは、世帯所得の中央値が伸び悩んでおり、しかも株価（つまり、資本の価値）も長期にわたる息の長い上昇相場を形成できていないことだ。二〇一〇年秋の時点で、アメリカの代表的な株価指数であるS&P500は、一九九〇年代半ばとほぼ同水準にとどまっている。エコノミストのマイケル・マンデルが言うように、労働も資本も大きな利益を生み出せていない状況で、生産性が向上したと言われても、どこまで額面どおりに受け取っていいのか。

近年で最も生産性が上昇した時期は、二〇〇九～二〇一〇年だ。一部の産業では、労働者一人の一時間当たりの生産性が年率換算で五％以上高まった。しかしこれは、目を見張るような新しいテクノロジーが登場した結果ではなさそうだ。雇用主が従業員を大量に解雇し、残った従業員で以前と同等の生産高を維持したために、生産性を表す数字だけが上昇したのである。労働者一人の一時間当たりの生産性が高まったのは、主として「労働者一人当たりの総労働時間×労働者の総数」の値が減った結果にすぎない。

ここ数年は、「生産性の低い従業員を割り出し、その人物を解雇する」というのが企業の生産性を高める最大の方法になっている。一握りの企業経営者や株主、消費者はそれで結構かもしれないが、二〇世紀前半に人々の生活を目覚ましく改善させるイノベーションが相次いで登場し、生産性向上の恩恵があまねく行き渡っていたのとは大きな違いだ。

## 政府部門の生産性

経済の生産性と国民所得に関するデータが現実を正しく反映していないという点を詳し

く検討するために、GDPの算出方法を確認しておく。簡単な例で考えよう。リンゴ一個が収穫・販売されて一ドルで購入されれば、GDPが一ドル増える。リンゴが腐っている場合もあるかもしれないが、消費者はその可能性も承知の上で購入していると考えていい。この場合、経済はリンゴという形で一ドル相当の価値を生み出したと言える。

次に、GDPに対する政府の役割を考えてみよう。政府が道路整備のために一〇〇万ドルを支出したとする。この場合、消費者が道路を「購入」するわけではないが、この政府支出はGDPの一部として算入される。では、これによりGDPはどれだけ増えるのか。一〇〇万ドルだ。GDPの値には、政府支出がコストを基準に加算されているのである。国立公園の入場料や高速道路の通行料など、政府がみずからの生産物をモノやサービスの形で販売する場合もあるが、それは政府がおこなっていることのごく一部でしかない。私たちは一般的に、販売価格ではなく、コストを基準に政府支出の価値を判断する。それ以外に評価のしようがないからだ。

政府支出が生み出す価値は、コストを大きく上回る場合もあれば、大きく下回る場合もある。政府が社会でどういう役割を果たすべきかという議論はこの本の守備範囲でないが、一般論として、政府が基本的な行政機能を果たすためにおこなう活動は、付加的な活動より価値が大きいとみなせる。

都市再開発のために廃屋の改修作業に費やされる一ドルより、基本的な警察・裁判機能、軍による国民の保護機能を果たすために使われる一ドルのほうが大きな価値がある。最貧層向けの福祉事業の予算一ドルは、中度・軽度の貧困層向けの福祉事業の予算一ドルより大きな価値がある。しかし、GDPを算出する際は、性格の異なるさまざまな政府支出がすべて一律にコストを基準に算入されている。言い換えれば、政府が規模を拡大し、最低限の基本的な機能以外の活動が増えても、政府の活動の質と重要性と効率が常に一定だとみなしているに等しい。

時代が進むにつれて、政府の活動のために費やされる資金のうち、中核的機能ではなく付加的機能のために用いられる資金の割合が高まっていく。中核的機能は古くから実践されている場合が多いのに対し、付加的機能は新たに加わる場合が多いからだ。その結果、政府の規模が大きくなればなるほど、政府の活動内容を増やすことにより得られる価値が（マイナスにはならないまでも）小さくなる。政府の役割を否定したいわけではない。これは経済学の常識だ。

私たちが政府の活動に新たに一ドル支出するごとに、その直前に新規に支出した一ドルより、その価値が（あくまでも平均して、の話だが）少しずつ下がっていく。政府の生産性は、ごくわずかずつとはいえ、徐々に低下しているのだ。それなのにGDPの算出に当たっては、政府が支出する一ドルの価値が常に一定であるかのごとく扱っている。主要都市間を結ぶ幹線道路の建設に費やされた一ドルも、高速道路の単純な改修工事に費やされた一ドルと同等の価値があるとみなしているのだ。

では、私たちがリンゴを買うために支出する金が生み出す価値は、常に一定なのか。政府支出の場合と同じように、リンゴをたくさん買うほど、最初に買うリンゴより（やはり、あくまでも平均して）価値が小さくなる。最初に買うリンゴは、強い欲求を満たしてくれるかもしれないし、大事なパーティーのためにつくるアップルパイの材料になるかもしれない。しかし、ある程度以上の量になると、リンゴがたくさん手に入ってもあまりありがたくない。

ここまではリンゴも政府支出も同じだが、両者の間には大きな違いがある。生産・供給されるリンゴの量が増えるほど、リンゴの価値は下がる。価値が下がれば、それを反映して市場でリンゴの価格が下がるので、生産されたリンゴの価値が過大評価される恐れがない。それに対して、政府支出の価値は市場のメカニズムで決まらず、価格でなくコストを基準にＧＤＰに算入されるので、供給増による価値の低下を数字に織り込めない。
したがって、ある国の経済を数値で評価する場合は、生産性に関して次の点を頭に入れるべきだ。

**政府が経済で果たす役割が大きくなるほど、ＧＤＰの値は、生活水準の改善度を過大評価するようになる。**

あなたが「大きな政府」を好むか嫌うかに関係なく、これは動かせない事実だ。経済成長率を計算するとき、私たちがなによりも知りたいのは、今日の政府が過去の政府よりどれだけ優れているかだ。政府の能力の絶対値より、政府の有効仕事量の増減を知りたい。その点では、政府が新たな付加的な活動に乗り出すほど、平均して政府の活動の価値が小さくなる。もしあなたが政府の役割を最大限拡大するべきだという立場に立つとしても、この点は認めざるをえない。
この議論で政府の規模を判断する際の適切な指標は、政府部門全体が経済全体に占める割合ではない。政府部門内の資金の移転、社会保障・福祉給付など、資金が移動するだけにすぎないケースも数値に含まれてしまうからだ。政府が実際におこなっている活動を表すうえで優れたデータは政府消費だ。政府消費が大きくなるほど（おおむねそういう傾向にある）、政府の活動が生み出す実質的な価値は見かけの数字より小さくなる。

つまり、次の結論が導き出せる。

**政府消費が経済全体に占める割合が高まるほど、実質的な経済成長と生活水準を正確に把握することが難しくなる。**

第1章で紹介したジョナサン・ヒューブナーの研究で、イノベーションが歴史上最も活発だったとされている一九世紀半ばから後半の時期、アメリカの中央政府と地方政府の消費がGDPに占める割合は五％前後だった。GDPの大半は、現在のリンゴ市場型の消費で構成されていた。これでは政府の規模が小さすぎると、ほとんどの人が感じるだろうが、それは本書の論点でない。重要なのは、市場で取引がなされるほうが市場を介さない場合より、経済活動によって生み出される価値の大きさを把握しやすいという点だ。市場を介する限り、どんなに大きくふくれ上がったバブルもいずれ弾ける。それに対し、政府支出は半永久的に評価が変わらない。

途上国が経済的に台頭するとき、どうしてたいてい輸出が伸びるのか。理由はいくつかあげられるが、世界の市場の評価をあおぐことにより、その国の経済が生み出している価値の本当の大きさがわかるという点は指摘できる。既得権やコネや汚職やインチキによって、輸出の数字を高めることはできない。輸出がうまくいくとは、その国になんの利害関係もなく、その国の国民の幸せになんの関心もない人たちが自分のお金で、その国の商品を購入していることを意味する。

言ってみれば、自国の商品を輸出しようとするのは、日々、自国の経済にテストを受けさせ、成績を数字で突きつけられるようなものだ。このテストに合格すれば、その後、経済がもっとよくなると予想できる。日本、韓国、台湾、シンガポールなど、目覚ましい経済発展を遂げた東アジアの国々はみな、このパターンをたどった。ここでも、経済的な価値を明確に割り出す手段として市場が機能しているのである。市場のテストから遠ざかれば遠ざかるほど、生産性の正確な評価が難しくなる。

政府部門に続いて、次は医療部門に目を向けよう。この分野でも、市場による評価が適切におこなわれていない。

## 医療部門の生産性

医師の診察を楽しんだり、薬をおいしく味わったり、待合室の椅子の座り心地を確かめたりするために、病院に通う人はあまりいない。多くの人は、病院に行くのが怖い。それでも病院に足を運ぶのは、病気を治してほしいからだ。

医師は、リンゴのような市場のテストを受けない。リンゴの味がまずければ、食べてすぐにわかる。おいしくなければ、消費者はその品種のリンゴを買うのをやめるなり、その小売店でリンゴを買うのをやめるなりする。しかし、医師の診察・治療の効果がわかるまでには長い時間がかかる。そもそも効果の大きさが最後まではっきりしない場合も多い。市場でテストされるのは、医師が実際に患者を健康にしたかどうかではなく、患者に希望を与えられたかどうか、病気が治ったという気分を味わわせることができたかどうかだ。しかし、患者が感じる希望の大きさというのは、基準としてあまりに漠然としている。そもそも希望とは、合理性以外の要因に左右されるものとみなされている。

医療部門に関する市場のテストが不正確な理由はほかにもある。政府なり、アメリカのように民間の医療保険会社なりが、病院に診療費を支払う第三者負担型の医療保険制度の存在である。どの病院で受診するかを選択する人物（つまり患者）は、診療費のほとんどを負担しない。そのせいで医療は、厳密な市場のテストと非常に分厚いクッションで隔てられている。これが望ましい制度なのだという意見もあるだろうが、このシステムを採用することにより、巨額の資金が適切な判断に基づかずに支出されていることは否定できない。

医療保険会社が給付金の支払いをコントロールすれば、優良な医師と上質の医療だけを給付対象にできるはずだと思うかもしれない。しかしなんらかの理由で、それはうまくいっていない（有力病院が市場で独占的地位を占めているために、医療保険会社が病院をあまり選べない場合があるという指摘もある）。結果として、医療部門では市場によるテストが機能しづらくなっている。

数字を見てみよう。

アメリカは世界のどの国よりも、ＧＤＰに占める医療関連支出の割合が高い。というよ

### アメリカの医療はどの程度優れているのか？

| 国 名 | 出生時平均余命 | 乳児死亡率＊ | GDPに占める医療費の割合（%） | 国民1人当たりの医療費支出＊＊ |
|---|---|---|---|---|
| 日本 | 82.6 | 2.6 | 8.1 | 2580 |
| オーストラリア | 81.4 | 4.7 | 8.5 | 3168 |
| スウェーデン | 81.0 | 2.8 | 9.1 | 3113 |
| フランス | 80.9 | 3.8 | 11.1 | 3425 |
| カナダ | 80.7 | 5.0 | 10.0 | 3690 |
| ドイツ | 80.0 | 3.8 | 10.5 | 3471 |
| イギリス | 79.7 | 5.0 | 8.5 | 2884 |
| チリ | 78.6 | 7.6 | 5.9 | 772 |
| アメリカ | 77.9 | 6.7 | 15.5 | 6931 |
| ハンガリー | 73.3 | 5.7 | 8.1 | 1450 |

＊出生数1000人当たりの死亡数
＊＊購買力平価（PPP）に基づき米ドルに換算
出所：OECD Health Data, www.oecd.org 数値はすべて2006年のもの

り、飛び抜けて高い。ところが、アメリカ人の健康状態がほかの豊かな国々に比べて突出して良好かというと、そうとは言えない。前のページの表は、国ごとの医療費支出と国民の健康状態をまとめたものである（数字は二〇〇六年のもの）。

たとえばイギリスでは、医療に費やされている金額はアメリカより少ないが、平均余命や国民の健康満足度などを基準に判断すると、医療が生み出している価値はアメリカより大きい。この表を見ると、一般的に、医療費支出が多ければ国民の健康が高まるという単純な関係が成り立たないことがわかる。

それなのに、医療部門は、アメリカの主要産業のなかでもとりわけ急速に成長している。キプロス、グアドループ（カリブ海のフランス領）、ギリシャは、アメリカより平均余命が高いが、いずれも一人当たりの医療費支出はアメリカよりはるかに少ない。キプロスの病院がことのほか優秀だからなのか？　ギリシャがテクノロジーをきわめて効率的に活用しているからなのか？　違う。これらの国の国民は、アメリカ人より好ましい食習慣をもっていて、よく運動しているのだ。そのほかにも健康にプラスに作用する未知の要因がいくつかあるのだろう。新しいテクノロジーを利用できなくても、こと健康に関して言えば、これらの国の大半の人は問題なく生きている。

アメリカの医療システムは、さまざまな面でこれらの国より優れている。病院は清潔だし、専門的な医療は質量ともに充実している。医薬品も豊富にあるし、患者が感じられる希望も大きい。最先端の治療を受けられる確率も高い。しかしあいにく、アメリカ人はこうした国の国民より長生きできない。

アメリカの有力シンクタンクであるランド研究所が一九七〇年代におこなった有名な研究では、一つの実験として、何千人ものアメリカ人に全面的に無償で医療を提供した。それと並行して、別のグループは通常どおり、医療費の自己負担分を支払わないと医療を受けられないようにした。すると、無償で医療を受けられるグループのほうが二五〜三〇％多く医療を受けた。しかし最貧層を別にすれば、好きなだけ病院にかかれる医療費無償のグループが有償のグループより健康状態が良好という結果にはならなかった。人々の健康状態を左右する要因は、医療だけではないのだろう。外科患者を対象にした研究によれば、三〇種類の病気の併発の有無など多くの要素について統計上の調整をおこなったところ、医療費負担の大きい無保険者のほうがメディケイド（低所得者・身体障がい者向け公的医療保障制度）受給者より健康状態が好ましいように見えた。こうした「想定外」の結果を都合よくねじ曲げて解釈することはいくらでも可能だろうが、医療費支出を増やせば莫大なメリットがあるかのような主張に疑問を投げかけるデータであることは間違いない。

アメリカ指折りの医療経済学者であるデービッド・カトラーは最近、一九九五～二〇〇五年のアメリカ経済の生産性を調べた。この期間、経済全体の生産性は年平均二・四%のペースで伸びていた。では、医療部門はどうだったのか。カトラーの研究によれば、若干のマイナス成長だった。医療部門がそもそも成長していないか、そうでないとしても生産性を数字で評価しづらいと言っていいだろう。

医療部門を悪役に仕立て上げようなどとは思っていない。病院に行くなと言うつもりもないし、医療機関を攻撃するつもりもない。アメリカの医療の問題点について、医師を責めることもできるかもしれないし、患者を責めることもできるかもしれない。政府や、民間の医療保険会社を責めることもできるかもしれない。あるいは、統計のデータがおかしいと主張することもできるかもしれない。みんなが少しずつ悪いのだと、あなたは思うかもしれない。あるいは、現在の医療システムは人類史上屈指の大発明だと手放しで評価している人もいるかもしれない。

キーワードは「かもしれない」だ。医療が生み出す価値を正確に把握することはきわめて難しい。市場によるテストもうまく機能していない。なにが成功していて、なにが失敗していのかも、よくわかっていないのが現状だ。どの側面に対する支出を増やせば有効なのかすら明らかでないときもある。

別の角度から考えてみたい。まず、次の認識から出発しよう。

## うまくいく医療もあれば、うまくいかない医療もある。

この点は、誰も異論がないはずだ。うまく機能していない部分は、支出が多すぎ、メリットが少なすぎるとみなせる。ある程度機能している部分に関しては、恩恵の大半を高齢者が得ていると言って差し支えない。もしかすると、メリットと釣り合わないほど多くの金額を私たちが医療に費やしているのは、高齢になったとき、せめて長生きできるように、心地よく過ごせるように、病院で快適なベッドに寝られるように、親切な医師に診てもらえるように、優れた効能の鎮痛剤を利用できるようにするためなのかもしれない。それが割に合う投資である可能性も十分にある。私たちが死の間際に感じる痛みは、それほど想像を絶するものがあるのだ。

しかしそうだとすれば、大半の人にとっては、手近な場所に〝容易に収穫できる果実〟が存在しない。私たちは生涯のほとんどの時期、近代的医療技術の恩恵にあまり浴せないのに、ますます多くの金を医療につぎ込むようになっている。八一歳になって病気に苦しむ頃には、〝容易に収穫できる果実〟を摘めるのかもしれないが、いま簡単に手にできる果実はない。日常生活に役立ち、所得を増やし、未来への希望を生み出し、政治的な不満を解消できる果実はない。あらためて、たとえば一八九〇年代と比べてみてほしい。当時の新しい技術の大半は、若者にも高齢者にも恩恵をもたらし、ほぼ毎日、生活のなかで利用できた。

医療費の増加が生み出す恩恵のほとんどを高齢者が得ていること自体は、必ずしも悪いことではない。問題は、「どうして、暮らしがよくならないのか」と、大半の国民が不満を抱くようになることだ。かつての電気や自動車と違って、いま最も急速に成長している産業である医療部門が（少なくとも現段階では）私たちの生活を一変させていない以上、そういう不満が湧いてきても不思議ではない。現在のアメリカ経済の特徴は、生産性向上の恩恵のほとんどが遠い未来まで実現しないことにあると言えるかもしれない。

第1章で述べた世帯所得のデータの問題に話を戻すと、近年は企業の付加給付の額が増えたので、世帯所得（賃金）の中央値だけを論じるのは不適切だと、一部の論者は指摘する。たしかに付加給付を賃金に加算すれば、勤労者の懐具合を表す数字は改善する（ただし、具体的にどの程度改善するかは明言できない。付加給付の統計では、中央値が算出されていないからだ）。

しかし、今日の社会で「付加給付」とは実質的になにをさすのか。近年、付加給付の金額が増えているのはかなりの部分、医療保険のコストが上昇している結果だ。付加給付が増えているのは、医療費が増えているせいなのである。つまり、「付加給付の増加が実質的にどの程度の価値を生み出しているのか」という問いは、「医療費支出を増やすのと引き換えに、私たちがなにを得ているのか」という問いと同じことだ。結局、問題は、そもそも医療がどの程度の価値を生んでいるのかなのである。

## 教育部門の生産性

教育支出は、現在、アメリカのGDPのおよそ六％を占めている。しかし、教育支出を増やした結果、それに見合う大きな見返りを得られているのか。アメリカの若者たちは昔に比べて、高校を卒業するとき、高い学力を備えるようになったのか。

この問いに答えるのは難しい。この種の問題に関して、最も信頼性のあるデータとみなされているのは、全米学力調査（NAEP）だ。二〇〇九年に発表された（本書執筆時点で最新の）NAEPの報告書を見てみよう。

最初のページに、次の一文がある。「一七歳の生徒の平均的な読解力は、一九七一年と大きく変わっていない」。その少し下に、こんな記述もある。「一七歳の生徒の平均的な数学の点数は、一九七三年と大きく変わっていない」。統計技術的な理屈をこねて数字にケチをつけることはできるだろうが、子どもたちの学力テストの成績は四〇年近く伸びていないのだ。

いわゆる「フリン効果」を考慮に入れると、状況はますます暗い。フリン効果とは、世代が若くなるほど知能テストの平均値が高くなる現象のことだ。IQ（知能指数）で見ると生徒たちが賢くなっているのに、学力テストの成績が向上していないとすれば、教育支出を増やした甲斐なく、学校の生産性が低下していると判断すべきなのかもしれない。学力テストで数学の点数がほとんど上昇していないことも憂慮すべきだ。アメリカは昔に比べて豊かに、そして賢くなり、テクノロジーの面で数学への依存が増し、しかも一般家庭のパソコンでも数学的作業を簡単におこなえるようになった。なにより、教育方法が進歩して、学力テストの点数が向上するのが当然だ。数学で教える内容は何十年もの間、あまり変化していないので、優れた教育方法が普及して、それより劣る方法が駆逐されてもよさそうに思える。ところが、全米規模でそういう現象が起きているようには見えない。やはり、教育の生産性が全般的に落ち込んでいる可能性を無視できない。

近年は、高校卒業率も下落し続けている。第1章でも触れたが、アメリカの高校卒業率は一九六〇年代後半に約八〇％まで上昇したところで頭打ちになり、そのあとは下落に転じている。刑務所に入っている人を含めて考えると、現在の実際の数字は政府の公式の推計値である八八％よりずっと低い。白人と非白人の格差がこの三五年間でせばまったと判断できる材料もない。しかも近年は、高校卒業資格を取得する人のおよそ二〇％を高校卒業者でなく、認定試験の合格者が占めている。しかし認定試験合格者は、労働市場で高卒者扱いされず、非高卒者と同様の職に就いている。こうした現実は、学校教育の生産性が全般的に向上している証拠とはお世辞にも言えない。

この四〇年間、アメリカの教育支出はどのように変化してきたのか。端的に言えば、その金額は大幅に増加した。一九七〇年代前半以降、学力テストの点数が上昇していないのを尻目に、生徒一人当たりの教育支出は二倍以上に増えた（インフレ調整済みの数字）。一九七〇〜七一年、生徒一人当たりの教育支出は五五九七ドルだったのに対し、二〇〇六〜〇七年には一万二四六三ドルに達した。つぎ込む資金が二倍に増えれば、教育の質がもっと大々的に、そしてもっと明確に改善していなければおかしいのではないか。

アメリカとほかの国を比較した場合はどうだろう？　教育支出が経済全体に占める割合を比べると、アメリカはＯＥＣＤ（経済協力開発機構）加盟国の平均を軽く上回っている。あるデータによれば、その割合はアイスランドに次いで世界第二位だという。それなのに、少なくとも高校卒業段階で言えば、アメリカの若者の学力レベルはほかの国々を上回っていない。隣国のカナダにも負けている。

テストの点数に表れないところで、教育の質が改善しているのではないかと思うかもしれない。たしかに、学校のサッカーチームの数と質は向上したし、保護者が教師と接するチャンスも増えた。学校には、立派なコンピュータ教室も設けられるようになった。このような進歩についてはさんざん聞かされているし、実際、私の義理の娘が通う高校には、私の子ども時代にはありえなかった施設が整っている。しかし現実問題として、それがどの程度新たな価値を生み出しているのか。はっきりしたことは、誰にも言えない。

初等・中等教育に関する文献を見る限り、アメリカで公立学校に投じられている予算と教育の質の間に、一目瞭然な相関関係は見て取れない。一方、データを細かく解析し、結果の厳密性を保つために統計的調整を加えた研究結果のなかには、教育支出を増やせば教育の質が上がると指摘するものもある。なぜ、このような矛盾する結果が得られるのか。お金を上手に使えば、成果が上がるのかもしれない。しかし、そんなにうまくいくケースが実際にどれだけあるだろうか。

「私たちはどの程度豊かなのか」という根本的な問題を考えるのであれば、意味があるのは、統計的調整を加えた数値ではなく、教育の成果に関する絶対的な数値のはずだ。そう考えると、アメリカの教育の質はやはり、精彩を欠いていると言わざるをえない。

アメリカで教育に費やされている金の大半は、政府の教育予算が占めている。そのため、教育はリンゴと異なり、市場の強力なテストにさらされていない。

大学教育では、初等・中等教育に比べて市場のテストが機能しやすい。高校までは、進学先の選択肢が生徒の出身地近辺にほぼ限定されるのに対し、大学の場合は選択肢がもっと幅広いからだ。それに、アメリカで勉強したいと望む（ビザが下りれば、の話だが）外国人学生が大勢いることには勇気づけられる。このように大学教育の評価が高いことは明るいニュースだが、高校までの教育の問題点を見れば、アメリカの教育の生産性に深刻な疑念を抱かずにいられない。

高校までの学校教育に費やす金が年々増えているのに、教育という商品の質が向上していると確信できないのは、驚くべきことだ。たとえば、パソコンでそんなことがありえるだろうか。レストランや衣料品や自動車の場合はどうだろうか。考えられない話だろう。ほとんどの産業では、高い金を払えば、質の高い商品が手に入るのが普通だ。私立の学校に子どもを通わせれば、教育でも同じことを実現できるかもしれないが、公教育制度の枠内では、支出を増やしても基本的な問題が緩和するとは限らないようだ。

要するに、教育システムの生産性には不安材料が山ほどあり、しかもその教育部門が経済全体に占める割合はますます大きくなっているのだ。

話をまとめよう。政府支出（政府消費支出）、教育支出、医療費支出の三つの要素は、すべて合わせれば、互いに重なり合う部分を除いて計算してもアメリカのGDPの二五%を上回る。この三部門はアメリカ経済で有数の急成長部門であり、医療と教育は有数の活力ある部門でもあるはずだ。しかしこの三部門は、価値を数値化することがきわめて難しく、投資に対する成果を明確化させることがとりわけ難しい。また、私に言わせれば、政府部門、教育部門、医療部門では、政府の介在によって適切なインセンティブがきわめてはたらきにくくなっている。

この三つの部門では、「商品」の質と成果が過大評価されていると言えるだろう。言い換えれば、おそらく投資に見合う成果を回収できていない。生産性やGDPの数値が示すより、私たちはずっと貧しい可能性が高い。少なくとも、どの程度の成果を得られているのか把握できていないことは間違いない。それだけでも、十分に不安をかき立てられる。なにしろ、数字で表せる価値を生み出しづらく、成果を明確に把握できない産業に経済の牽引役を頼っているのだ。

不安がこみ上げてこないだろうか？

このテーマで最も注目すべきエコノミストは、ビジネスウィーク誌の元コラムニストで、報道・教育関連企業「ビジブルエコノミー」を経営するマイケル・マンデルだ。マンデルは誰よりも最近のイノベーションの質に疑問を呈し、アメリカ経済の生産性が向上しているというデータが現実を正しく反映しているのかと問いかけた。

ポール・クルーグマン、ヌリエル・ルービニ、ジェフリー・サックスといった経済学者たちはもっと知名度が高く、マクロ経済と経済開発について発言し、流動性の罠、通貨危機、アフリカの未来などを論じている。しかしこの面々は、サイエンスとテクノロジーに関する重要な視点の多くを欠いており、イノベーションの停滞期がどのようにして到来するのかという歴史的認識をもっていない。

一方、オンライン決済サービス会社「ペイパル」の共同創業者で、早い時期にフェイスブックに投資したことでも有名なピーター・シールは、イノベーションと生産性に停滞期が存在するという考え方を広めた功績の持ち主でもある。

ウォールストリート・ジャーナル紙のインタビューで、彼はきっぱりこう述べている。「テクノロジーが満足に機能していないことをみんな認めたがらない……医薬品、ロボット工学、人工知能、ナノテクノロジーなどの分野ではみな、一般に思われているよりはるかに小さな進歩しか実現していない。問題は、なぜそんなことになっているのかだ」。シールはこうした認識を著作の形で発表していないが、アメリカ経済の現状を鋭く見抜いていると言って間違いない。

# 第3章

# インターネットはなにを変えたのか？

## ものの値段、「生産」の意味、収入のあり方

さまざまな分野でイノベーションが期待はずれにとどまっているとしても、少なくともある一つの分野では、大半の人の予想より多くのイノベーションが成し遂げられている。その分野とは、インターネットだ。きわめて短い期間に、インターネットは目を見張るほど進歩し、より速く、よりおもしろくなった。インターネットにおけるイノベーションは、「半導体の集積度は一八カ月で二倍になる」というムーアの法則に、この新しい媒体を通じて人間同士を結びつけるためのきわめてシンプルな方法が組み合わさって実現した。

インターネットの生産性を数字で表すのは簡単でないが、いま何百万人もの人々が利用しているブラウザやブログなどのテクノロジー、さらにはグーグル、フェイスブック、ツイッター、クレイグズリストなどのオンラインサービスにいたるまでのイノベーションの数々はすべて、二〇年前には（というより、もっと最近まで）存在していなかった。「アマチュア」（マーク・ザッカーバーグもフェイスブックを創業した当時は「アマチュア」だった）が大きな成功を収められる産業が、アメリカ経済の最も革命的な産業であることは偶然でない。この点で、インターネットの世界は産業革命初期のイギリスとよく似ている。

電気と違って、インターネットはすべての人の生活を変えたわけではないが、それでも多くの人の暮らしを様変わりさせた。私たちの次の世代には、インターネットがさらに大きな影響を及ぼすようになるだろう。知的好奇心の旺盛な人たち、緩やかな知り合いで構成される幅広い人的ネットワークを活用したい人たち、大量の情報を素早く得たい人たちにとって、インターネットはことのほか役に立つ。おそらく、この本の読者の多くは、この三つのタイプのいずれかに当てはまるのではないか。

経済の観点から言うと、インターネットの興味深い点は、多くの商品が無料で提供されていることだ。たいてい私はツイッターで一日に二回つぶやきを投稿し、二〇件のブログに目を通し、ウェブサイトで映画評をいくつかチェックし、イーベイのオンラインオークションをのぞき、動画投稿サイトのYouTubeでクラレンス・ホワイトのギタープレイを見る。この間、私は一ドルも出費せずに楽しめる。

「生産」は次第に、工場ではなく、私たちの頭の中でおこなわれはじめている。経済学者が大昔から用いてきた言葉の意味が変わりつつあるのだ。コンピュータ画面上のツイッターの書き込みそのものは、取るに足らない文字の集まりにしか見えないかもしれないが、その本当の価値は私たちの脳内にある。私たちはツイッター、フェイスブック、マイスペースなどのオンラインサービスを用いて、脳内に複雑な物語とイメージ、気持ちを形づくる。インターネット上に存在するものは、一つひとつを取れば些細なものに見えても、いくつも組み合わせれば、ワクワク、ドキドキする感覚をたっぷり味わわせてくれる。しかも、オンラインサービスを利用するために大きな手間はかからない。インターネットサービスに入会していれば、コンピュータの電源ボタンを押し、マウスとキーボードでいくつか簡単な操作をすれば、すぐに使える。

新しい〝容易に収穫できる果実〟は、売り上げを生み出せる産業には存在せず、私たちの頭の中とラップトップパソコンを載せる膝の上にあるのだ。〝容易に収穫できる果実〟はいまもあるが、昔とは果実の性格が変わった。その結果、幸せや人間的成長を得ることには楽観的になれるが、収入を得たり、債務を返済したりすることには悲観的にならざるをえなくなった。イノベーションは止まっていないが、昔と異なる形で、あまり予想されていなかった分野でイノベーションが起きるようになったのである。それなのに、私たちは昔の計画を変更せず、古いやり方を改めようとしない。新しいイノベーションも、旧来のイノベーションと大筋で同じだという前提に立っている。

なるほど、インターネットが売り上げを生み出す場合もある。グーグルはオンライン上で質の高い広告スペースを販売しているし、ニューヨーク・タイムズ紙もウェブサイト上に広告を掲載して料金を取っている。アマゾン・ドット・コムはオンラインで書籍などを売っている。イーベイはオンラインオークションを通じて、中古品をリサイクルしやすくし、さらには新品の品物の販売ルートを拡大させた。フェイスブックの「友達」が職探しの力になってくれる場合もあるかもしれないし、企業同士がオンラインネットワークを介して商取引をまとめる場合もあるかもしれない。

このように、インターネットが従来型の経済活動と完全に無縁というわけではない。それでも、インターネットが私たちの生活と思考に及ぼしている影響の大きさと比べれば、収入を生み出す側面は影が薄い。インターネットのかなりの部分は、知的・情緒的な面で有益なものを新たに生み出すための自由な空間として機能している。言ってみればインターネットは、私たちの内面の生活を豊かにするための無限のキャンバスなのだ。

インターネットの重要な恩恵はたいてい、相応の知的能力の高さに応じて得られる。この点は、一九〜二〇世紀前半に登場した主だったイノベーションとインターネットの大きな違いだ。インターネットは公共財ではあるが、水洗トイレや舗装道路と違って、誰でも存分に利用できるわけではない。インターネットを使いこなすためには、それなりの技能が必要なのだ。

第2章では、GDP（国内総生産）の数値が経済成長を過大評価するケースを論じたが、インターネットに関しては、逆にGDPの数値が経済成長を過小評価している。インターネットが生み出す価値の多くは、個人が私的に経験するものなので、生産性のデータに反映されないのである。

私たちが二ドルのバナナを買えばGDPの値をその分だけ押し上げられるが、インターネット上で二〇ドル相当の価値のある娯楽を経験してもGDPは上昇しない（インターネットを楽しむためには電力が必要なので、ごくわずかな電気料金の支出はGDPに反映されるが）。むしろ、あなたが外出してアイスクリームを買うなり、ほかのなにかに金を使うなりするかわりに、家にこもってインターネットを楽しめば、GDPの数値が小さくなる可能性もある。あなたにとってはショッピングに行くより楽しいかもしれないが、ウェブサイトを見て過ごしてもGDPは増えない。

あまり収入を生まない分野が経済のなかに存在すること自体は悪くない。インターネットがさまざまな商業上の制約に縛られていないのは、間違いなく好ましいことだ。おかげで、お金がない人でもブログを読んだり、自分でブログを始めたりできる。しかし、収入を生み出しづらいというインターネットの性格がいくつかの面で経済に悪影響を及ぼしていることも否定できない。

私たちはお金を借りるとき、将来に向けて収入が増える、もしくはせめて収入が減らないことを前提にしている。そして将来の収入を予測する際は、経済全体が健全な収入源を保ち続けることを当てにしている。老後の資金計画を立てたり、政府の社会保障制度を築いたり、子どもの人生の見通しを考えたりするときも、私たちは同様の前提に立っている。それは無理もない。私たちはみな、イノベーションが経済のほとんどの分野に大規模な収入源を安定的にもたらす時代を経験してきたからだ。

しかしインターネットに関しては、この種の期待が誤り、もしくは不確実であることが明らかになりはじめている。多くの収入を生み出せる産業は勢いを失いつつある。一方、大きなイノベーションが起きているのは、収入を生み出しづらい産業だ。なにしろフェイスブックでさえ、最近になって会員の数が五億人を突破するまで、本当に大きな利益をあげられるのかを疑う声がなくならなかった。

インターネットと過去の〝容易に収穫できる果実〟との間には、ほかにも大きな違いがある。それは、雇用を生み出す力の違いだ。主だったインターネット関連企業は、人間の手ではなく、IT（情報技術）によって驚異的成長を成し遂げている面が大きい。

インターネット上でおこなわれている活動のほとんどは、過去の画期的なテクノロジーほどのペースで雇用と収入を生み出していない。二〇世紀前半に自動車のフォードとゼネラル・モーターズ（GM）が成長を遂げたときは、何百万もの雇用が生み出され、自動車産業の中心地であるミシガン州デトロイトはアメリカ屈指の繁栄都市に押し上げられた。

今日、フェイスブックはインターネット利用者にふんだんに娯楽を提供しているが、大勢の従業員を雇ってはおらず、本社のあるカリフォルニア州パロアルトの経済にそれほど貢献していない。「業務」のかなりの割合は、ソフトウェアやサーバーによっておおむね無人でおこなわれている。というより、フェイスブックでは、ユーザーがおこなっていることが本当の「業務」だと言うべきなのかもしれない。ウェブ2・0は、ユーザーやプログラマーや一部のIT関連技術者に大きな恩恵をもたらしたかもしれないが、国庫を潤すことも、多くの家族の生活を支えることもしていない。インターネットを利用している人であればたいてい、ツイッターの存在を知っているだろうが、二〇一〇年秋の時点でツイッター社の従業員数は三〇〇人程度にすぎない。

いくつかの主要なインターネット関連企業の従業員数（本書執筆時点）を見てみよう。

主なインターネット関連企業の雇用数

グーグル――20，000人
フェイスブック――1，700人＋
イーベイ――16，400人
ツイッター――300人

これでおわかりだろう。これらの企業は、間接的にはもっと多くの雇用と収入を生んでいるのだろうが、いま重要なイノベーションが起きている産業が人力でなく機械で多くの業務をおこなっていることは間違いない。

最近のある研究によると、アップルの携帯型デジタル音楽プレーヤー、iPodがアメリカ国内で創出した雇用は、小売り部門と開発部門を含めて一万三九二〇人。非常に小さな数字だ。iPodがきわめてわずかな人的労働力できわめて多くの価値を生み出したことは称賛すべきだが、今日のイノベーションの多くが大きな収入を生み出しづらいという現実がここにも表れている。

それに、デジタル音楽の普及により、音楽産業で多くの雇用が失われた。音楽ファンがCDのアルバムを買うのではなく、一曲単位で音楽を購入する（あるいは、お金を払わずに違法にダウンロードする）ようになった結果である。一万三九二〇人というのは、音楽産業の衰退により失われた雇用の数を差し引いていない数字だ。iPodがもたらした雇用の純増分は、微々たるものと言って差し支えないだろう。

近年のアメリカ経済で「ジョブレス・リカバリー（雇用拡大をともなわない景気回復）」が起きている理由の一端は、ここにある。比較的専門技能の乏しい労働者の間でとくに失業率が高いことも、これで説明できる。ITの専門技能をもっていない人は、新しい成長産業や、勢いを取り戻した旧産業で職を得るのが難しいのだ。しかしその半面、最先端のテクノロジーを扱う一部の企業は、人材不足により必要な数のスタッフを採用できずにいる。技能のミスマッチが深刻化し、労働市場は、専門技能を要求される仕事に対応できる層とそれ以外の層への二極分化に拍車がかかっているのである。

インターネットが多くの恩恵をもたらしたことは、私も評価している。それにケチをつけるつもりはない。インターネット革命が起きていなければ、私たちはいまほど快適な生活を送れなかっただろう。インターネットが存在しないほうが快適に生きられたという人は、ほとんどいないはずだ。

しかし、いいことばかりではない。現在の全体像をまとめると、次のようになるだろう。

●インターネットの普及も一因となって、私たちが楽しめる娯楽が増えた。しかも、安価で楽しめる娯楽が多くなった。

●私たちが得られる収入が不十分なので、個人も企業も政府も債務を返済することが難しくなり、財務面で苦境に立たされるケースが増えている。いま、世界の国々を悩ませている政府債務危機は、その一つの表れである。

●今日の世界で生まれている主要な新技術のいくつかは、新しい雇用をあまりつくり出していない。私たちの生活に大きな恩恵をもたらしたが、多くの人に就職先を与えることはできていない（しかるべきIT関連の技能の持ち主は別だが）。

要するに、インターネットは素晴らしいものだが、収入を生み出せる部門を経済のなかに保つことはできていないのだ。

テクノロジーの進歩は滞ることなく続いてきた。しかしそれがもたらしたのは、大きな収入を生む新商品というより、ツイッターであり、優れた効能の鎮痛剤であり、高齢になったり病気になったりしたときの延命の手段だった。それでも私はツイッターが大好きだし、頭が痛くなれば、効き目の強い鎮痛剤が登場したことを歓迎するだろう。

私たちはいま、拝金主義からの脱却という積年の願望を実現しつつある。なにしろ、いま生まれている重要なイノベーションのいくつかは、私たちに恩恵をもたらす半面、大きな収入を生み出さないのだ。少なくとも一部の重要な側面で、私たちは物質主義的な発想をしなくなりはじめている。いまも見栄えのする自動車を欲しがる人はいるが、もっと自分の内面に目を向ける人が多くなった。給料は安くても楽しい仕事をしたい、困難だがやり甲斐があり、主体性を発揮できる仕事に就きたいと思う人が増えた。資産家のなかにも、オンラインショッピングで高価な宝石を買うより、ツイッターを楽しむことを好む人が大勢いる。

奇妙なのは、物質主義からの脱却がこのように大々的に進むと、それがどんなに素晴らしいことだとしても、きわめて大きな痛みをともなうことだ。アメリカ人はいま、その痛みを味わっている。

第4章

# 容易に収穫できる果実の政治学

再分配派の誤り、減税派の誤り、保守とリベラルの逆転現象

〝容易に収穫できる果実〟がふんだんにないと、政治をおこなうのは非常に難しい。そういう果実があれば、政府は国民に物質的な恩恵をたっぷり提供し、たやすく国民に幸福感を与えられるが、いまはそれができない。アメリカの財政事情は苦しく、メディケア（高齢者医療保険制度）や公的年金の受給者、そして国債保有者に、過去の約束どおりの給付や支払いをおこなうことにも四苦八苦している状況だ。

良識ある健全な中道派の政治勢力が経済の脱線を防ぎ、手堅い成長を実現していくはずだと、期待する人は多い。社会の幅広い層の所得が年率で実質二〜三％程度伸びればいい、と思うかもしれない。しかし、これまで述べてきたように、このシナリオは実現不可能だと私は考えている。〝容易に収穫できる果実〟がもはや存在しないからだ。

エコノミストや評論家のなかには、一九五〇年代の経済に対する郷愁を表明している人もいる。プリンストン大学のポール・クルーグマンも著書『格差はつくられた』(邦訳・早川書房)で、そういう主張をしている。気持ちはわかる。一九五〇年代は、〝容易に収穫できる果実〟がまだたくさんあり、経済が大きく成長した時代だった。

問題は、クルーグマンが当時の経済的条件のいくつかを再現すべきだと考えていることだ。最高税率が非常に高く、労働組合の組織率が高く、所得と富が比較的平等に分配されるのが望ましいというのである。しかし、当時それが可能だったのは、〝容易に収穫できる果実〟が摘み放題にいっぱいあったからにほかならない。

いま、政府が魔法の杖を振るって、過ぎ去った時代の経済環境をよみがえらせることなどできない。いくつか新しい法律を成立させても、急速な経済成長が実現するわけではないのだ。クルーグマンが唱える政策を実行するためには、実質所得が急速に伸びていることが不可欠だが、実質所得はむしろ伸び悩んでいる。たとえて言えばクルーグマンは、くたびれきった馬に台車をつないで、大きな負担をともなう経済政策という重い荷物を運べと言っているようなものだ。

過去四〇年、アメリカ人の大半は、政府に能力以上の過大な期待を抱いてきた。いま政府が十分に機能していない根本的な原因は、そこにある。過大な期待をされた政府は、自分たちの能力の限界を認めるのでもなく、国民の期待を抑制するのでもなく、国民を欺きはじめた。実際にはできないことまで、あたかも実行できるかのように振る舞うようになったのだ。

アメリカでは、その弊害がひときわ大きい。アメリカ人はたとえばヨーロッパ人に比べて、概してものごとに大きな期待を抱く傾向があるからだ。アメリカとヨーロッパでは、第二次大戦の経験がまるで違った。頻繁な空襲と貧困と政治的混乱を味わわされたヨーロッパと対照的に、アメリカでは政治の秩序が保たれ、空襲を受けることもなかった。ヨーロッパ人の意識のなかでは大戦の過酷な体験がまだ生々しいが、アメリカ人はおおむね、広大な国土と強力な軍隊、そして太平洋と大西洋という二つの大洋に守られていた。

第二次大戦以降に限った話ではない。広大で安価な土地と優秀な移民労働力に恵まれてきたアメリカでは、数百年にわたり〝容易に収穫できる果実〟が豊富にあった。そうした環境で、大きな期待を抱く傾向がアメリカの歴史と国民性にすり込まれていった。

もし人々が年に三％の実質所得の伸びを期待しているとすると、ある年の数字が一％にとどまれば不満を感じる。「システムのどこかに問題があるに違いない」「政治家が悪いに違いない」とすぐに考える。

このような政治的環境のなかで、最も現実離れしたタイプの右派思想への支持が高まっている。減税こそ所得アップの即効策の一つだと、アメリカの右派は考える。そこで、政治家は有権者の歓心を買おうとして減税策を打ち出す。減税をおこなえば、たしかにさしあたりは実質所得が増える。しかしこの政策は、国の借金を増やし、国民の不満を先送りにした挙げ句、将来的にはかえって不満を増大させてしまう。政府債務がふくれ上がり、いずれはツケを払わなくてはならなくなる。そうなると、いよいよ実質所得の減少を受け入れるか、さもなければさらなる減税をおこなうしかなくなる。

ところが、さらに減税を実施しても問題をまた先送りするだけで、長い目で見れば問題をいっそう悪化させてしまう。歳出削減とセットになっていない減税が機能するはずがないのに、政治家はそういう政策を打ち出したがる。しかも一度や二度でなく、それを何度も繰り返す。こうして、経済成長が鈍化している状況下で実行すれば早晩破綻する運命にある財政政策がおこなわれている。

そこで、減税推進派は減税の正当性を訴えるために、ますます胡散臭い主張をしなくてはならなくなる。二〇一〇年の時点での減税推進派の主張（共和党の上院ナンバー1であるミッチ・マコンネル上院院内総務もお墨つきを与えている）によれば、所得税減税をおこなえば政府の歳入が増えるので、減税財源の手当てを心配しなくてもいいという。しかし言うまでもなく、これまでの経験では、正反対の結果を招く可能性が高い。減税をおこなえば、ほとんどの場合は政府の歳入が減る。ジョージ・W・ブッシュ政権が減税をおこなったときもそうだった。財源の手当てなしに減税をおこなっても、実質所得が増えて政府の歳入が増えるので問題ないという考え方は、大いなる錯覚と言わざるをえない。

一方、左派の間では、〝大停滞〟が長引くほど、所得の再分配を求める声が強まる。たしかに、金持ちから金を取り上げて、貧しい人たちにわけ与えれば、低所得層と下位中所得層の実質所得を増やせる——一時的には。しかし財源なき減税と同じように、この政策も永遠には続けられない。

現段階ですでに、アメリカの所得上位五％の層が所得税の税収の四三％以上、上位一％の層が二七％以上を負担している。早晩、富裕層に対する課税を強化しても、以前ほどの効果があがらなくなる。しかし、景気対策法や医療保険改革法など、オバマ政権が推し進める改革の多くは、実質的に高所得層から低所得層に富を移転させるものだ。

政治的論争は「減税派vs.再分配派」の対立軸で進んでいるが、両陣営はもはや相手の主張に耳を傾けなくなっている。誠実な中道派はどこかに消えてしまった。〝容易に収穫できる果実〟はもはや存在せず、実質所得はしばらく緩やかにしか伸びず、現在のペースで借金を重ねることはできないと、政治家がありのままに訴えれば、選挙に勝つのは不可能に等しい。政治家が実質所得の急速な上昇を有権者に約束するためには、嘘と誇張が必要なのだ。そこでアメリカの政治は、嘘と誇張であふれ返るようになった。残されているのは、「減税効果の誇張」か「再分配効果の誇張」か、という選択肢だけだ。

経済成長が鈍化すれば、政府が利益団体を満足させることが難しくなる。アメリカの政治を単純化すると、「利益団体が経済のパイの大部分を奪おうとして政治にはたらきかけ、それを黙らせて政治の秩序を保つために、政府がなんらかの形で補助金の類いを与える」という構図になる。企業向けの優遇税制、学校教師の過剰な雇用保障、メディケア（高齢者医療保険制度）における医療機器メーカーへの手厚い支払いは、そうした数ある「補助金」の一部にすぎない。利益団体はそれを受け取り、しばらくは満足する。その間に経済が成長し、利益団体への利益提供の財源がまかなわれる。こうした利益提供がなされないと、利益団体は引き下がらない。

しかし、利益団体の飽くなき欲求は、やがて経済を窒息させてしまう。経済成長のペースが落ち込んだとき、どういう問題が持ち上がるかは、想像がつくだろう。政府の歳入が減るので、利益団体を利益提供で黙らせることが難しくなる。そこで、利益団体は政治に影響力を及ぼそうとして、いっそう運動を強化する。その結果、経済の効率が悪化し、悪循環に拍車がかかる。政治の機能不全がさらに深刻になり、それに足を引っ張られて〝大停滞〟から抜け出すどころか、むしろ状況が悪化する。たとえ私たち一人ひとりが低成長下で満足して生きる道を見いだせたとしても、利益団体という貪欲な獣を飼っている現代政治の仕組みと、経済の低成長は相容れない。

経済成長と歳入の伸びが鈍化しているときに、政府の規模を拡大させることは可能なのか。過去にアメリカで政府の規模が大きくふくらんだのは、一八七〇～一九七〇年頃、〝容易に収穫できる果実〟がふんだんにあった時代だった。この時期、欧米諸国では政府支出の規模がGDP（国内総生産）の五％程度から四〇～五〇％程度に拡大した（スウェーデンでは、この割合が一時約七〇％に達した）。そのためのコストは、〝容易に収穫できる果実〟によってまかなわれた。果実が豊富にあったおかげで、大半の国民は政府支出の拡大による痛みをほとんど感じずにすんだ。国民は政府の活動による恩恵に浴していたし、なにより実質所得が急速に伸びていた。企業も、高層ビルも、そしてそのほかのなにもかもが大きくなった時代だった。政府も大きくなるのが当然に思えた。

政府や大企業などの大きな組織を築くためには、コミュニケーション、組織づくり、調整の技術が欠かせない。人類の歴史上はじめて、これらの条件が整ったのは、一九世紀後半だった。良くも悪くも、私たちはそれらの新たに手にした技術――これも〝容易に収穫できる果実〟の一種と言っていいだろう――を存分に活用し、大きな政府を築いていった。大きな政府は、そうした新しい技術が生み出した「製品」の一つだったのである。

もし、自動車がなかったら、トラックがなかったら、飛行機や電話やテレビやラジオや鉄道がなかったら、世界はどうなっていただろう？　言うまでもなく、私たちはいまよりずっと貧しかったに違いない。では、政府の規模はどの程度になっていただろう？　国家は安っぽい専制支配者のような性格をもっと強めていたかもしれないが、今日のように先進国の近代的な行政国家が国の経済活動の四〇～五五％を占め、すべての国民の毎日の生活に深く入り込むことなどありえなかったはずだ。

次の四つの重要なテクノロジーが、政府の規模にどのような影響を及ぼしたのかを見てみよう。

## 移動手段

自動車、飛行機、機関車が登場して、近代官僚制の影響力が及ぶ地理的範囲は大きく広がった。アメリカの南北戦争では、鉄道が北軍の勝利を後押しし、国家の分裂が避けられた。これは極端なケースだが、安価な移動手段が普及したことにより、一般的にアメリカ連邦政府の影響力が広い範囲に及ぶようになった。連邦政府の職員、警察、軍隊が比較的容易に全国を移動できるようになり、税を取り立てやすくなった。あまりコストをかけずに、官僚機構の定めた規則が印刷された書類を津々浦々に送り届けることも可能になった。牛車の時代であれば、政府は巨大化することはありえなかった。

移動手段が安価になって、市民や企業、団体もワシントンの連邦政府や連邦議員にロビー活動をしやすくなった。そもそも、そのような団体を組織できるようになったのは、安価な移動手段のおかげだった。移動手段が充実した結果、「大きな政府が広大な土地を統治する」という発想が当たり前になり、人々の間で「アメリカ国民」としての一体感が強まった。

## 工業生産技術

一九世紀後半に登場した産業資本は、特定の土地に固定される性格が強かった。工場、煙突、発電所などは、いったん建設されると動かすのが難しい。このような大規模で固定的な資産は、政府にとって課税と規制の格好の標的になった。しかも、この種の施設は大きな利益を生み出すので、厳しく課税しても、人々が餓死したり、暴力的な反乱を起こしたりすることがなくなった（植民地時代のアメリカの人々がイギリスの課税に反発して反乱を起こしたとき、税負担は現在の水準に比べればきわめて軽かった）。人口のほとんどが零細農家で、主として現金でなく現物で収入を得ていれば、重い税金を課すのは難しいし、農産物などの現物を税として取り立てても政府はそれを効率的に活用できなかったのだ。

## 電子的な通信手段

一九二〇年代にアメリカの一般家庭にラジオが普及して、国民がはじめて、遠くにいる政治指導者の声を聞けるようになった。指導者たちは、肉声を伝えられるラジオの特性を活かし、物語と神話に対する国民の欲求に応えはじめた。ラジオで国民に直接訴えかけて、支持を獲得していったのだ。フランクリン・ルーズベルトが国民から大量の手紙を受け取った最初のアメリカ大統領だったのは、一つにはラジオを通じて頻繁に国民に語りかけたからだった。やがてテレビが登場すると、指導者のカリスマ性が政治の重要な要素になった。ジョン・F・ケネディがテレビを利用した政治に先鞭をつけ、やがて多くの政治家があとに続いた。

電信と電話が普及した結果、ラジオやテレビ以上に私的に、そしてそれまでよりずっと安価に、政治的な「中央」が「周縁」とコミュニケーションを取れるようになり、政府の政治的影響力の及ぶ範囲が拡大した。こうしたコミュニケーション技術は安価な移動手段と同じように、国を一つにまとめ上げ、人々が自分の地域の地方政府以上に、中央政府に結びつきを感じやすい状況をつくり出した。

## 科学的なマネジメント手法

文書を保管するファイルがない世界を想像できるだろうか。大規模な官僚機構が誕生すると、組織内と組織間で情報を共有するために、データを記録、処理、操作、伝達する方法を発展させる必要が出てきた。それに、福祉国家を確立するうえでは、中央政府が一人ひとりの国民を特定し、継続的に情報を把握する手段をもつことが不可欠だった。科学的マネジメントの手法は、その手段の一つだった。

今日の私たちにとって現代官僚制のさまざまな手法は当然のものに思えるが、その多くは比較的最近になって生まれたものだ。一九世紀後半まで、すべての国民に関する詳細なデータを管理、保管、活用する能力を備えた政府は（少なくとも規模の大きな国には）存在しなかった。たとえば、イギリス政府が「ファイル」で文書を組織的に管理するようになったのは、ようやく一八六八年になってからだった。

以上で論じたさまざまなテクノロジーは、おおむね同じ頃に相次いで誕生・普及した。一九世紀半ばにすでに広く用いられていた鉄道と電信を別にすれば、ほとんどは一九世紀後半に誕生した。これは、欧米の大半の国で政府の規模が拡大しはじめた時期と一致する。その後、一九二〇～三〇年代になって、これらのテクノロジーの多くが広く普及した。この時期にも、欧米の多くの国で政府の規模が急速に拡大した。極端な場合、ドイツのように全体主義的な国家が形づくられた国もあった。

アメリカで大きな政府が形成されているのは、政治的イデオロギーやリベラルな民主党の行動の産物だと言われることがある。しかし、この仮説は歴史上の事実と合致しない。一九世紀半ばに鉄道が建設されるまで、アメリカにはそれほど大きな民間企業が存在しなかった。大規模な事業全体をコントロールし、大規模な組織を設立して維持するためには、莫大なコストがかかったからだ。本当の意味で全米規模の事業を展開していた企業は一つもなかった。この当時は、連邦政府も国内の全域に強い影響力を振るっていたとはとうてい言えなかった。

やがて新しいテクノロジーが登場し、まず大規模な鉄道会社が生まれた。続いて、製鉄、石油、のちに自動車の分野で大規模な企業が出現した。そうした大企業の登場に道を開いた一連のテクノロジーは、大きな政府の誕生も可能にした。

アメリカで政府の規模が拡大した時期としては、二〇世紀はじめの革新主義の時代と一九三〇年代のニューディール政策の時代があげられる。いずれも、今日のアメリカの左派が主要なお手本にしている時代である。しかし、一部の左派思想家は反企業的な傾向をもっているが、この二つの時代に政府の規模が拡大したのは、皮肉なことに、大企業と消費社会が生まれたことの当然の帰結だった。アメリカの歴史を通じて、大きな政府と大きな企業は、長く一緒に歩んできたのである。この片方を善、片方を悪と呼ぶのは（その人の思想的な立場によって、どちらが善で、どちらが悪かは変わるだろう）自由だが、そういう考え方は、両者が共通の起源をもっていて、いわば同盟関係にあるという事実を見落としている。

二〇一〇年の春に大々的な医療保険改革法が成立したことに意を強くして、アメリカの左派インテリ層は、自分たちのイデオロギーに沿って新たな政治ビジョンの潮流を生み出せると期待している。しかし今日のアメリカは、第二の革新主義時代や第二のニューディール時代が訪れる環境にない。政府の役割を大幅に拡大しようにも、そのための財源を生み出せる新たなテクノロジーが存在しないからだ。ましてや国民がいっそう私的消費を減らさない限り、それは不可能だ。つまり結論としては、いまアメリカで政府の規模が大きく拡大することはありえない（ただし高齢者人口の増加にともない、メディケアなどの高齢者向けの政策に関わる支出の自然増は避けられない。すでに、この種の支出は増加傾向にある）。

アメリカの左派は、不本意かもしれないが、新しい保守派になっている。少なくとも経済政策に関して、左派は概して現状維持を求めている。一方、いわゆる保守派の一部は、大がかりな変革を求める過激分子になっている。

私が最近参加したあるイベントで、アフリカ系アメリカ人の知識人二人が戸惑いの言葉を述べていた。保守派政治家のサラ・ペイリンが、一九六〇年代の急進派黒人解放組織ブラックパンサーや共産主義政治指導者アンジェラ・デイビスさながらに過激な現状変革を訴えていることに、この二人のリベラル派知識人は居心地の悪さを感じていたのである。いまのアメリカは、実質的に社会民主主義国家だ。国の規模が大きく、多様性が強いので、国の規模が小さく、人種の均質性が強いドイツやスウェーデン、デンマークなどの国々ほど、国民全体に対して効率的に社会保障・社会福祉政策を実施できないでいるにすぎない。「私たちが信じられる変化」を実現しようと訴えて、バラク・オバマは二〇〇八年のアメリカ大統領選に勝利した。しかし大統領就任後に目指してきたのはおおむね、有能な官僚機構を活用して現状を強化することだった。好ましい変化を大々的に実現するためには、新たな優れたテクノロジーが欠かせない。とりわけ、政府を通じて変化を成し遂げようと思えば、多くの収入と雇用を生み出せる画期的な新技術が必要だ。国民は漸進的な進歩しか実現していないことに、苛立ちを強めている。国民がオバマ大統領に、さらには野党の共和党に対しても不満を感じているのは不思議でない。

政府の規模を拡大させられる時代は終わりに近づいている――そう聞くと、保守派は喜ぶかもしれない。しかし、その勝利には大きな代償がともなう。経済成長がいっそう鈍化することが避けられないのだ。つまり、保守派の勝利は錯覚にすぎない。

では、次に〝容易に収穫できる果実〟の時代が訪れたとき、なにが起きるのか。政府の規模が再び急速に拡大する可能性が高い。私たちは結局、新たな富を手にすると、政府を大きくするためにそれを使う習性がある（それが賢明な行動か否かはさておき）。したがって、新しい〝容易に収穫できる果実〟が生まれたときにはじめて、保守派は本来の保守派の役割に戻って、政府の規模の拡大に抵抗して現状維持を主張できるようになる。

一方、リベラル派は現状維持を訴えるのではなく、新たな社会政策を推し進めるようになる。しかし、そのような時代はまだ訪れておらず、社会民主主義者は現状維持を主張する保守勢力として、居心地の悪い役回りを演じる羽目になっている。政治の世界では、保守派とリベラル派の役割が逆転しているのだ。

# 第5章

# 深刻な金融危機を招いた「真犯人」

## 金融機関幹部と美術館長、そして私たちみんなが犯した過ち

二〇〇〇年代終盤に発生した金融危機の原因論については、もう聞き飽きているかもしれない。デリバティブ（金融派生商品）の問題点、連邦準備制度理事会（FRB）の不手際、金融機関幹部の腐敗、住宅ローン業者に対する規制の緩さ、金融機関幹部の高額退職金、頭金不要の住宅ローン……アメリカの経済的苦しみを生み出した要因を数え上げれば、それこそきりがない。金融危機のメカニズムに関しても、説得力のある説明がたくさんなされている。しかしここでは、もっと広い視野で金融危機を見てみたい。

どうして、私たちはいくつもの過ちを同時に犯したのか。しかも、どうして、すべての過ちがおおよそ同じ方向に作用したのか。

その理由は、次の一点につきる。

## 私たちは、自分たちを実際以上に豊かだと誤解していた。

私たちは意識的にせよ、無意識的にせよ、経済の生産性が年率三％を上回るペースで成長して、それにともない資産価格も上昇することを前提に、さまざまな計画を立てていた。三％の成長を当て込んで計画を立てたのに、実際の成長率がそれに届かなければ、経済が破綻するのは必然だ。

では、私たちはなぜ、そんな誤った思い込みをしたのか。一九八〇年代前半以降に、アメリカと世界の経済に起きた好ましいことをリストアップしてみよう。ロナルド・レーガン大統領の経済政策により（FRB議長を務めたポール・ボルカーの功績と言うべきかもしれないが）、アメリカ経済は息を吹き返した。長い冷戦を戦った宿敵のソ連が完全に崩壊し、「悪の帝国」に支配されていた地域のほとんどが解放された。東ヨーロッパの大半は、常軌を逸した残忍な専制政治に逆戻りすることなく、それまでより自由で、市民の権利が尊重される社会に変わった。いまでは、EU（欧州連合）に加盟している国も多い。中国は、腐敗しているにせよ、部分的に自由な市場を築くことにより、専制政治の混乱を脱し、世界第二の経済大国にのし上がった。インドの十何億人もの人口の大半は、以前より豊かになり、グローバル経済と結びつくようになった。中南米のほとんどの国は民主主義を維持し、あるいは民主主義に移行した。メキシコは北米自由貿易協定（NAFTA）に署名した。クリントン政権時代の最も順風満帆だった時期、アメリカ経済はほぼあらゆる面で非常にうまくいっているように見えた。

以上にあげた好ましい出来事の数々は、誤った楽観主義をアメリカ人に抱かせてしまった。この時期、好ましいニュースこそ相次いだが、実は新しい重要なテクノロジーが登場して私たちの生活水準が大きく向上することはなかった。新たな〝容易に収穫できる果実〟があまり出現しなかったのだ。ソ連が崩壊して冷戦が終わり、「平和の配当」という形で若干の〝容易に収穫できる果実〟を手にしたが、9・11テロ後にテロとの戦いが始まると、それはすべて吹き飛んでしまった。中国とインドの安価な生産力も若干の〝容易に収穫できる果実〟をもたらしたが、有力な新技術を生み出しはしなかった。それなのに、新聞の紙面に「今年は画期的な新技術がほとんど誕生せず」といった見出しが躍ることはなかった。その結果、私たちは現実にそぐわない過大な期待を抱いてしまった。

私たちは、自分たちを無敵のごとく感じるようになった。実は、悪いニュースも少なからずあったが、大半のアメリカ人にとっては、それほど悲惨な結果をもたらさなかった。

いくつか例を見てみよう。

- 一九八〇年代前半の貯蓄貸付組合（S&L）危機
- 一九八四年のコンチネンタル・イリノイ銀行（当時の大手銀行の一つ）の破綻
- 一九八七年のブラックマンデーの株価大暴落（わずか一日で株価が二二・六%も下落した）
- 一九八〇年代後半の不動産バブルの崩壊
- 一九九四年のメキシコ金融危機
- 一九九七〜九八年のアジア通貨危機
- 一九九八年のヘッジファンド、LTCM（ロングターム・キャピタルマネジメント）の破綻
- 二〇〇一年のドットコム・バブルの崩壊

いずれの場合も、最初は、非常に恐ろしいことが起きてしまったように思えた。しかし終わってみれば、どれも比較的限定された問題だったように感じられた。ほとんどの場合、過剰な借り入れと過剰なリスクという根本の問題を是正せず、小手先の対策を講じただけで幕引きになった。投資家はますます大きなリスクを背負って行動するようになった。極

端に悪い事態が経済に降りかかることなどありえないと思えてきたのだ。

このリストに、9・11テロを加えてもいいだろう。この出来事が恐ろしい悲劇だったことは間違いない。しかし多くのアメリカ人は二〇〇一年当時、その後も大がかりなテロ攻撃が続発し、悲劇がさらに繰り返されることを恐れていた。その不安は現実にならず、私がこの文章を書いている時点で、アメリカ人は自己満足をある程度取り戻している。

どんな危機が起きても最後は抑え込めるという自信が広がったことを考えると、投資家たちが足腰を強化しないまま危ない橋を渡ったのも意外でない。しかし、やがてついに、抑え込むことのできない危機が押し寄せた。正確に言えば、私たちの向こう見ずな行動が危機をつくり出したと言うべきなのだが。この点で、お手軽な住宅ローン、自己資本に対する借入金の割合を過度に高めていた金融機関、常軌を逸したデリバティブなどに批判の矛先を向けることもできるが、そうした過ちが発生し、そのまま放置される環境を生み出したのは、人々の自己満足だった。

歴史上、多くの国を舞台に、しかもほぼすべてのタイプの資産市場で、バブル崩壊が起きてきた。したがって、私たちが金融危機を理解するためには、多くの危機に共通する根本的な要因に着目する必要がありそうだ。一つの誤った判断が危機を引き起こしたわけではないし、特定の個人やグループに全責任があるわけでもない。共和党が悪いわけでも、民主党が悪いわけでもない。農家が悪いわけでも、金融機関が悪いわけでもない。年寄りのせいでもないし、若者のせいでもないし、愚か者のせいでもない。キリスト教徒のせいでもなければ、イスラム教徒のせいでもない。

そして、不動産業者がすべて悪いわけでもない。金融危機の本質は、不動産バブルの崩壊ではない。サブプライムローンは「炭坑のカナリア」のように、危機をいち早く告げていたにすぎない。本当の問題は、投資家がおしなべてリスクを抱え込みすぎていたことなのだ。

サブプライムローン市場が最初に崩壊したのは、貧しい借り手への依存度が最も高い投資だったからだ。真っ先に資金が底をつく人たちを対象にしていたので、過ちを隠すことが最も難しかったにすぎない。もっぱら富裕層が対象の現代アートの市場は、暴落するのがいちばん遅かった。しかし、暴落の時期の違いに惑わされてはならない。二つの市場が崩壊した底流には、同じ要因が作用していた。その要因とは、過剰な自信である。それぞれの市場の流動性の違いにより、市場が崩壊した時期に違いが生じ、その結果として、教訓を学ぶ時期の早さにも違いが生まれている。

金融危機の本質は、金融業界が過ちを犯したことでもない。金融業界はたしかに、過ちを犯した。アメリカの投資銀行の多くは、レバレッジ比率（自己資本に対する借入金の割合）を一対一二程度から一対三〇ないし、それ以上に引き上げた。要するに、それまで以上に莫大な借金をしたのである。問題は、それにより、損益の見込み違いが許される余地がきわめて小さくなったことだ。レバレッジ比率が高いと、自信過剰の弊害がいっそう大きくなる。金融機関が甚大な痛手をこうむったのは、このせいだ。

私たちはみな、程度の差こそあれ自信過剰に陥っていた。その意味で、故意にせよ過失にせよ、何百万人もの人間が金融危機の共犯だったと言わざるをえないように思える。

あなたが美術館の館長だとしよう。四、五年前、あなたは美術館の大幅な増築に着手し、新たな所蔵品を購入し、新しいスタッフを増員した。あなたの理想に比べて、美術館が十分に壮大でなく、野心的でなく、芸術的でないと不満を感じたのだ。この時点であなたが金融危機を予測しておくべきだったとは、誰も言わないだろう。それでも、あなたは一般的な行動基準として、もっと慎重に振る舞うこともできたはずだ。ものごとは、ときに悪い方向に転ぶものだからだ。実際、経済の状態は悪化した。あなたは美術館の増築工事と所蔵品の購入を一部中止し、採用したスタッフの一部を解雇せざるをえなくなった。アメリカ社会は、このような事態が起きる可能性を見過ごしていた。自分たちを無敵と思い込んでいたのである。

美術館長の過ちは、大手金融機関の経営陣に比べれば罪が軽いと思うかもしれない。しかしあなたの行動は、あなたが思うほど金融機関の経営幹部と違わない。両者とも、大きな野心を抱いて行動した。事業の手を広げすぎた。いささか自信過剰になっていた。そして、直接もしくは間接に従業員を解雇する結果になった。

自信過剰だったことに加えて問題だったのは、投資家がほかの投資家の判断を信じすぎたことだ。投資銀行は、ほかの投資銀行の判断を過大に信用していた。不動産担保証券を買う人は、証券の価値に関して市場と格付機関を信じすぎた。金融機関が巨額の賭けをしているときには、主な意思決定者たちも身銭を賭けていると、みんなが思い込んでいた。しかも、過去に危機が持ち上がった際は大事にいたらなかったので、さほどひどい事態は起きないだろうと、誰もが高をくっていた。監督官庁も含めて市場のプレーヤーの大半は、なんらかの形でこのような認識を共有していた。

歴史を振り返ると、過剰な信頼と自信を抱くことは間違っていないように思えるかもしれない。経済が成長し続けている間は、ほかの人たちの楽観的な期待を正しいものと信じて行動しても問題はなさそうに見えた。金融危機が現実になる前の時点で、アメリカに不動産バブルが生まれているというのは金融専門家の間で一般的な見方だった。しかし一九八〇年代後半にも不動産バブルが崩壊したが、経済は深刻な危機に陥ることなく、軽い景気後退だけで切り抜けた。その経験もよく知られていたのだ。

ナスダック証券取引所の元会長バーナード・マドフによる投資詐欺事件は、金融危機を生んだいくつかの要因を映す鏡だ。金融がすべて詐欺だなどと、乱暴なことを言うつもりはない。問題は、誰を信じるかを決めるときに、私たちがほかの人たちの判断に頼っているという点だ。マドフは長年にわたり、投資の世界で尊敬を集めていた。詐欺をおこなえたのは、大勢の人たちに信用されたからにほかならない。多くの人に信用されればされるほど、さらに多くの人の信用を得やすくなった。最初のほんの数人の信用が雪だるま式にふくらんで、莫大な数の人々の信用に拡大していったが、大半の人は自分自身で調べることをほとんどせずにマドフを信じた。

メディアの取材に対する被害者の発言を見る限り、投資話について一次資料を精査するのではなく、マドフを信じた人たちの評判を最も参考にした人がきわめて多かった。同じようにして、多くの投資家がほかの人たちの判断に過度に依存し、過剰に借入金を増やしている金融機関や過度に強気のビジネスプランを信用しすぎてしまった。しかもこの時期、そういう金融機関やビジネスプランが次々と登場していた。

「社会的動物」である人間は、どうしてもほかの人たちの行動が気になる。その半面、私たちは、実際にどの程度のイノベーションが実現しているのかという無味乾燥なデータに目を向けない。

こうして、市場と政府が同じ問題で同時にそろって悲惨な失敗をしでかした。結果論で言えば、政府の監督官庁は、大きなリスクをともなう行動をもっと規制すべきだったのだろう。しかし監督官庁は、市場と同様、一つの失敗が金融システム全体に及ぼす影響を軽く考えていた。実は、私も同じ過ちを犯していた。本格的な危機が迫っていることを予測できず、イノベーションの停滞や過剰な楽観主義についてあまり考えが及ばなかった。地味な学術論文を読むことは好きだったが、私も過度な楽観主義を抱いていた（インターネットがあまりに楽しかったせいだ）。

ほとんどの国の政府は、不動産などの資産価値の上昇を歓迎し、それにブレーキをかけなかった。それどころか、アメリカ政府は住宅ローン会社の会計スキャンダルに目こぼしし、マイホーム所有率を高める政策を推し進めることを通じて、リスクの高い投資を後押しした。マイホーム所有を促進する政策は、いまだに捨てていない。政府の肝いりで、頭金一〇〇〇ドルの住宅ローンを住宅購入者に提供する計画まである。私たちは、痛い経験からまだ十分に学んでいないようだ。

政府はどうして、国民がこれほど膨大な借金を抱え込むことを容認したのか。なぜ、住宅バブルの拡大にブレーキをかけなかったのか。この点も、〝大停滞〟によって説明がつく面がある。所得の中央値が伸び悩んでいるときに、もっとたくさん買い物をするためには、もっとたくさん借金をするか、値上がりした資産を売却して利益を得る以外にない。

住宅相場の好況は少なくとも、さしあたりそれを可能にしてくれた。自宅の資産価値が上昇した結果、自宅を担保にして借りられる金額が増え、借金をして買い物の資金などに回せる金額が増える。当座は生活水準が向上し、人々は豊かになった気分を味わえた。アメリカ人のマイホームは銀行のATMさながらにどんどん金を吐き出すようになり、政府もそれを歓迎していた。しかし、その裏づけとなる富は存在しなかったのである。

アメリカ人が住宅の資産価値を担保にどれほど莫大な借金をしていたかは、数字を見れば一目瞭然だ。一九九三〜九七年、住宅所有者が自宅を担保に借り入れていた金の総額は、GDP（国内総生産）の二・五〜三・八％相当だった。その割合が二〇〇五年には一一・

五％に上昇した。問題は、それが本当の富でなかったことだ。未来から前借りしていたにすぎなかった。いずれは、そのツケを払わなければならない日がやってくる。

なぜ、政治家はこのようなリスクの大きな行動をやめさせず、ときにはそれを後押ししたがるのか。理由は単純だ。政治家は概して、二年、四年、六年といった短い時間の単位でしかものを考えない。目先の選挙を乗り切れれば、それでいいと思っている。当時、そのままにしておけば短期的に消費が増えることは明らかだったし、みんなが現状に満足しているように見えた。それに、アメリカの連邦議会選挙では、現職がたいてい再選される。こんなに都合のいいゲームをおしまいにする必要はないと、政治家は考えたのだ。

残念ながら、景気後退を抜け出す簡単な方法はまだ見いだせていない。オバマ政権が打ち出した景気刺激策は、あまり効果をあげていない。もっと大規模な景気刺激策を実施していたとしても、大きな流れは変えられなかっただろう。財政支出による景気刺激策の目的は、需要を喚起し、消費を増やすことにある。しかし、いまアメリカ経済で消費が十分でないことは事実にせよ、問題の根本的な原因はほかにある。問題の本質は、収入源になりうる〝容易に収穫できる果実〟が減っていることなのだ。

問題の抜本的な解決には時間がかかるので、とりあえず景気の悪化にブレーキをかける手段として景気刺激策に意義があるという主張は、それなりに理解できる。しかし、この政策は結局のところ、民間の債務を政府の債務と入れ替えるだけの意味しかない。これでは、繁栄を取り戻すことはできない。そんなことをしても、なにも新たに生み出されないからだ。

私たちは、実質以上に膨張した不動産価格と株価を前提にさまざまな計画を立てていた。そして、思っていたより自分たちが貧しいという現実をまだ完全に受け入れられていない。政府の景気刺激策は、私たちが現実を受け入れる日を遠ざけてしまう。しかも、政治家が早期の景気回復を口にするたびに、問題がまた少し悪化する。本当は新たな富を生み出すことが先決なのに、以前の消費のパターンを再開させていいのだと、私たちが誤解してしまうからだ。

ところで、インターネットがもたらした〝容易に収穫できる果実〟の数々は、景気回復の役に立たないのか。

インターネットのおかげで、景気後退がいくらかしのぎやすくなった面はある。インターネットにアクセスすれば、お金があまりない人でも多くの知識と娯楽を得られる。しかし、それが景気後退を深刻化させている面もある。インターネット上に娯楽が豊富にあるせいで、消費がますます落ち込んでいるのだ。インターネットは景気後退のつらさを和らげてくれるかもしれないが、それゆえに、不況の打撃をひときわ激しいものにしている。私たちの時代の主要な〝容易に収穫できる果実〟の一つは、いくつかの面で経済の不安定さをむしろ増幅させているのである。

# 第6章

# 出口はどこにあるのか？

## 過去と現在、その大いなる違い

将来、科学が画期的な進歩を遂げて、大半の人の日々の生活を向上させる日はやってくるのか。

このテーマについて、論じるべき点は三つある。一つはすでに始まっている好ましい変化について、もう一つは好ましい傾向を後押しする方法について、そして最後に、阻止すべき悪い事態についてである。

幸い、好ましい変化の多くはすでに始まっている。その一つは、インドと中国で科学と工学への関心が高まっていることだ。これまで両国は、既存の商品やサービスをほかの国より安価に提供することに力を注いできた。しかしやがて、この二つの国はイノベーションの担い手としての役割をもっと強めていくだろう。それに、たとえ両国が従事する製造とサービスそれ自体が革新的なものでないとしても、ほかの国々がイノベーションを模索する時間とエネルギーの余裕を生み出す。たとえば、安価なオモチャの製造を中国やインドに任せれば、新しいテクノロジーのイノベーションに直接・間接に携わるアメリカ人が増えるかもしれない。

ジョージ・メイソン大学経済学部の同僚であるアレックス・タバロックが強調しているように、中国とインドが消費者としてイノベーションを後押しする面もある。あなたが新しい抗癌剤を開発して、特許を取得したとする。いまでは中国とインドという巨大な消費市場が開けたおかげで、昔よりたくさん抗癌剤が売れるようになった。たくさん売れるとわかれば、そもそも抗癌剤を開発しようという意欲が以前より高まる。ほかの条件がすべて同じだと仮定すると、世界が豊かになり、人口が多くなるほど、大勢の人に恩恵をもたらせるイノベーションを生み出した人が手にする利益は大きくなる。

すでに始まっている好ましい変化の二つ目は、インターネットが従来より収入を生むようになる可能性があることだ。インターネットのおかげで科学的な学習とコミュニケーションが格段に容易になった結果、学術研究の中心地以外の場所にいる科学者も、高い生産性を発揮できるようになりつつある。科学の世界で実力主義の傾向が強まり、すべての科学者が対等な環境で競いやすくなる。ハーバード大学やプリンストン大学に在籍していなくても、最先端の学術論文を読める時代になった。インターネットは、科学研究のための媒体として広く普及しはじめてからまだ日が浅い。しかし向こう数十年の間には、インターネット関連の新しいサービスを生むだけにとどまらず、テクノロジーの進歩を大きく後押しするようになるだろう。

恩恵を受けるのは、科学者だけではない。概して、インターネットにアクセスして過ごせば、テレビを見るなど、昔ながらの方法で時間をつぶすより、たくさんのことを学べる。「思考の余剰」という概念を唱えているニューヨーク大学のクレイ・シャーキーによれば、いま何十億人もの人々が急速に知識を増やし、お互いの結びつきを強めはじめている。いまほど楽しく自己学習ができた時代は、過去になかっただろう。学習することを楽しく感じるのは、学習のプロセスをいままでになく自分自身でコントロールできるようになったからだ。

すでに始まっている好ましい変化の三つ目は、アメリカの有権者の間で、高校までの初等・中等教育の質を向上させ、学校に責任をもたせるために、目に見える措置を講じるべきだと考える人が増えていることだ。世論の変化は、社会の潮流が変わるレベルに達しつつある。具体的には、学校や教師にもっとインセンティブを与えるなり、子どもや親の学校の選択肢を拡大するなり、チャーター・スクール（民間が運営する特別認可を受けた公立学校）を増やすなり、教育成果のチェックを強化するなり、なんらかの方法で教育の改革をおこなうべきだという声が強まっている。学校や教師の肩をもってばかりいると、政治家は国民の支持を失いかねない状況になった。アメリカの民主党は「教員組合の党」というイメージが強いが、民主党出身のオバマ大統領はおおむね、教員組合が激しく反発するような教育政策を打ち出している。まだ大きな成果はあがっていないが、趨勢は変わりはじめた。いずれ好ましい結果が表れると、私は思っている。

以上の理由で、将来は〝容易に収穫できる果実〟が手に入るようになると、私は楽観している。いまはまだ簡単に手の届く低い枝に果実がなっていないだけだ。

次に、論じるべき第二の点を考えてみよう。好ましい傾向を後押しするために、ほかにどういう対策を実行できるのか？　私の提案は次のとおりだ。

## 科学者の社会的地位を高めよ。

拍子抜けするくらい単純な提案に聞こえるかもしれないが、実行するのはけっして簡単ではない。この目標は一挙に実現できるものではなく、政府が号令をかければ変化を起こせるわけでもないからだ。しかし、これを実現できるかどうかによって、私たちの未来は大きく変わってくる。

基礎研究から応用研究まで、必要に応じてあらゆるレベルで科学のために潤沢な助成金を拠出すべきだという主張に、私は全面的に賛成だ。しかし、それだけでは十分でないと思っている。技術上の大きなイノベーションを実現したければ、人々が科学を愛し、科学に関心をもち、国内外の最も優秀な人材が科学界に入っていく環境をつくることがきわめて重要だ。科学者が社会で尊敬を集めて、科学者たちが強い団結心をいだき、自分たちの研究に誇りをもてるようにする必要がある。

人間のモチベーションを高めるうえで、社会的な地位や評価は、しばしば金と同じかそれ以上の効果がある。科学振興の面でも、名誉と金という二種類のインセンティブを有効に機能させるべきだ。現状では、科学者が社会で高い地位と名誉を得ているとは言いがたい。アメリカの社会で科学者の地位が低いとは言わないが、法律家や医師や金融関係者ほど高い評価は得ていない。たとえば、ぜひとも科学者と恋人になりたい、さらには結婚したいと考える男女がいったいどれだけいるだろう？　そもそも私たちは、科学者としてのレオナルド・ダ・ビンチに、芸術家としてのダ・ビンチほどの魅力を感じているだろうか。

二〇〇九年、科学者のノーマン・ボーローグが死去したとき、私は強い衝撃を受けた。ご存じかどうかわからないが、ボーローグはいわゆる「緑の革命」を主導した人物である。過酷な気象条件や病害虫などに強い穀物の新品種をボーローグが次々と開発し、それがインドやアフリカなど、世界の貧しい地域で大々的に導入された。そのおかげで飢餓が減り、何百万人もの人々の命が救われたと言っても大げさでない。ところがボーローグが世を去ったとき、ほとんどのアメリカ人は、この人物が何者なのかさえ知らなかった。さすがに新聞は訃報を伝えたが、地味な記事がひっそり載っただけだった。同世代で指折りの重要な人物が逝去したのに、その程度の扱いだったのだ。私が理想と考えるのは、ボーローグのような人物がもっと社会で尊敬されることだ。

アメリカの社会学者ジャック・ゴールドストーンは、イングランドとスコットランドにおける産業革命の起源を論じた二〇〇八年の著書『なぜ、ヨーロッパだったのか』で、科学を重んじる文化の重要性を指摘している。ゴールドストーンによれば、一八世紀にブリテン諸島で科学が力強く進歩したのは、社会全体に科学と工学を尊重する文化を築き、それをうまく機能させられたためだった。一方、当時の中国は莫大な富をもっていたが、ブリテン諸島ほど科学尊重の文化が根づいていなかったので、産業革命は東洋より先に西洋に訪れたのである。

今日の世界では、シンガポールが素晴らしい科学尊重の文化を築いている。科学と工学の地位がきわめて高く、社会で大きな尊敬を集めている。信仰する神こそ違うが、現代のシンガポールは、ペリクレスが統治した黄金時代のアテネの現代版と言えるかもしれない。科学の地位を高めるべしという私のアイデアは、浮世離れした理想論ではない。シンガポールのように、すでにそれが実現している国も世界にはあるのだ。

ただし、政府が科学賞の類いをもっと増やせばいいとは思わない。私が願っているのは、ほとんどの国民が科学に深い関心を抱き、科学の進歩こそ、国の最も誇るべき要素だと考えるようになることだ。個人の権利の尊重をときにエキセントリックなまでに追求したアメリカの小説家・思想家アイン・ランドの言うとおり、私たちは新しいものを創造する人たちや科学的なイノベーションを実現する人たちに敬意を抱くべきなのだ。言うのは簡単だが、実践するのは難しい。しかし、それをおこなうために予算はかからない。必要なのは、私たちがその変化を望み、社会全体として態度を変えることだけだ。それはいわば、私たちの目の前に置いてある「フリー・ランチ（ただ飯）」だ。身近な科学者に質問をし、あなたと子どもたちのために教えを請い、お返しに心からの敬意を示せばいい。

一人ひとりの科学者を無批判に信頼せよとは言わないが、科学研究全般にもっと敬意を払うべきだ。政府に助言をしたり、政府に対して処方箋を示したりしたがるのが経済学者の習性だが、この種の変化は、政府ではなく家庭から始めて、それを学校とメディアに浸透させていかなければ実現しない。

このほかには、どういう点に注意すべきなのか。私たちは、いま政治が十分に機能していないことを認識したうえで、政治の機能不全を増幅させないように努めなくてはならない。政治的立場の異なる人たちを無条件に否定するのではなく、政治的な対立にはことごとく根深い理由があるのだと理解すべきだ。問題の根本には、私たちが望むようなペースで政府の歳入も民間の収入も増えていないという事情がある。どのような政治的立場を取るにせよ、対立を解消するために努力し、対立を先鋭化させることを避けるべきだ。政治的な考え方が異なるからと言って、ほかの人を諸悪の根源のようにみなしてはならない。

少なくともあと数年、もしかするともっと長い間、テクノロジーの進歩は比較的緩やかなものにとどまるだろう。そもそも人類の歴史を通じて、安定したペースでイノベーションが生まれ続けたことはないし、将来のイノベーションのペースを容易に予測できたこともない。過大な期待を抱いてはならない。私たちは「新しい現実（ニュー・ノーマル）」の時代に生きているのだ。

過去二五年間の日本経済の停滞に関しては批判的な論調が多いが、日本は経済成長の鈍化に落ち着いて対処してきた。日本では労働人口が減り、社会の高齢化が急速に進んでいる。目を見張るような新商品のアイデアはあまり登場しておらず、国の債務は途方もない金額にふくらみ続け、トヨタやソニーのような世界的大企業も近年は出現していない。

それでも、高度経済成長から超低成長へと移行する過程で、政府や社会の骨組みが無残に破壊されることはなかった。経済は以前に比べて衰退したが、日本人の暮らし向きは、いまもおおむね悪くない。細部に目を向ければ、日本は数々のささやかな進歩を成し遂げてきた。街にはおいしいケーキ屋が増えたし、雨の日にはデパートの入り口に自動傘畳み機が置かれるようになった。一九八〇年代に日本経済が好況にわいていた頃、日本こそアメリカの未来の姿であり、アメリカは日本から学び、そのあとに続くべきだと、しきりに言われた。この主張はいまも当てはまるのかもしれない――ただし、正反対の意味で。つまり、今日の日本は低成長時代の生き方を示すお手本なのだ。

最後に、論じるべき第三の点、すなわち阻止すべき悪い事態について触れておこう。

〝容易に収穫できる果実〟がふんだんに手に入る時代が再び訪れる日のために、心の準備を整えておくことを忘れてはならない。ときとして、〝容易に収穫できる果実〟は危険をもたらすからだ。この前、世界にそういう果実が豊富にあったとき、それを適切に利用しなかった国がいくつかあった。第二次大戦時の枢軸国、旧ソ連、中国の共産党政権などがその例だ。

当時の新しいテクノロジーを利用できなければ、二〇世紀の全体主義体制はそもそも生まれなかっただろう。ヒトラーとスターリンは、ラジオ、電気、ダイナマイト、飛行機、自動車、鉄道を、抑圧と大量殺戮の道具に変えた。大規模な官僚機構が磨き上げた記録保管システムは、大勢の人たちを管理し、ときにはその命を奪う手段として用いられた。人々が苦い経験を味わわされてようやく、ファシズムの人気が下火になり、有権者がファシズムの誘惑に負けるのを防ぐための社会的・政治的規範が形づくられた。

近い将来、ファシズムに匹敵する暴力的な政治体制が台頭するとは思わない。二〇世紀前半に比べて、いまの世界は民主的になったし、おそらく人々も賢くなった。それに核兵器が登場した結果、軍事的な抑止も強くはたらくようになった。現代版のヒトラーが現れても、おそらくあまり大きな成功を収められないだろう。しかし、新しいテクノロジーはそれまでの力のバランスを崩す場合がある。新しい〝容易に収穫できる果実〟が現れれば、素晴らしいテクノロジーがふんだんに生活に取り入れられるが、新しい世界が古い世界と同じようなものになるとは限らない。新しい世界に移行する過程は、高い山あり、深い谷ありの道のりになる。将来、いまの時代を振り返って強い郷愁を感じる人も多いだろう。

いずれにせよ、さしあたりは、私たちが過去に経験したことがないくらい、景気後退が長引くことを覚悟する必要がある。目下の景気後退を脱しても、まだ低成長期が続くかもしれない。科学に限界があることを受け入れなくてはならない。この先も、科学の進歩が停滞するときがあるだろう。深刻な停滞に陥る時期もあるに違いない。それでも、理性と科学の重要性はこれまでになく高まっている。なによりも、現在の難しい状況をもっと理性的に、そしてもっと科学的に理解できれば、知的な面でも情緒的な面でも困難に対処しやすくなる。

さあ、難しい問題に向き合おう。

# 註

## 第1章　容易に収穫できる果実は食べつくされた

●高校卒業率については、以下を参照。

Paul Goodman, "Why Go to School?" *The New Republic*, October 5, 1963, http://www.tnr.com/book/review/why-go-school.

James J. Heckman and Paul A. LaFontaine, "The declining American high school graduation rate: Evidence, sources, and consequences," *VoxEU*, February 13, 2008, http://www.voxeu.org/index.php?q=node/930.

Richard Fry, "College Enrollment Hits All-Time High, Fueled by Community College Surge," Pew Research Center Publications, October 29, 2009, http://pewresearch.org/pubs/1391/college-enrollment-all-time-high-community-college-surge.

●大学中退率と関連のデータについては、以下を参照。

Gayla Martindale, "College Drop Out Rates–Who's to Blame?" *StateUniversity.com.blog*, January 27, 2010, http://www.stateuniversity.com/blog/permalink/College-Drop-Out-Rates-Who-s-to-Blame-.html.

Arnold Kling, "More Predatory Education," *EconLog*, August 25, 2010, http://econlog.econlib.org/archives/2010/08/more_predatory.html.

●アメリカの世帯所得中央値は、アメリカ国勢調査（各年度）に基づく。本文掲載のグラフは、以下から転載。

Lane Kenworthy, "Slow Income Growth for Middle America," *Consider the Evidence*, September 3, 2008, http://lanekenworthy.net/2008/09/03/slow-income-growth-for-middle-america/.

　この問題に関する広い意味での左派的見解に関しては、以下を参照。

Claudia F. Goldin and Lawrence F. Katz, *The Race Between Education and Technology*, Cambridge: Belknap Press at Harvard University Press, 2008.

Jacob S. Hacker and Paul Pierson, *Winner-Take-All Politics: How Washington Made the Rich Richer–And Turned Its Back on the Middle Class*, New York: Simon and Schuster, 2010.

所得の伸びに関してさらに詳しいデータは、以下を参照。Lawrence Mishel, Jared Bernstein, and Heidi Shierholz, *The State of Working America 2008/2009*, Economic Policy Institute, 2008, ch.1, p.45.

世帯規模縮小の影響を考慮に入れたとしても、大きな違いはないように思える。Mishel, Bernstein, and Shierholz（前掲）は次のように記している。

世帯の規模は、時代が新しくなるにつれて縮小してきた。世帯の構成員の数は、最も多かった一九六〇年代半ばに比べると、一五％少なくなっている。一世帯当たりの子どもの数が三四％減ったことがその大きな理由である。しかし、世帯規模調整済みの所得の値を用いると、誤解を招きかねない。世帯の規模が縮小したのは、ベビーブーム世代の高齢化（つまり、子育て世代人口の減少）などの非経済的な人口動態上の要因の産物というだけでなく、所得が伸び悩みはじめた結果でもあるからだ。実際、第二次大戦直後のようなペースで所得が上昇し続ける時代ほどには、たくさんの子どもをもてないと感じている夫婦もいる。その点を考えると、世帯規模調整済みの所得の値を基準にした場合、所得が減っているせいで子どもの数を少なくとどめることにしたり、結婚を遅らせたりしている人たちが豊かになったかのように見えてしまう。また、労働時間の長時間化や、それにともなう余暇時間の減少などの要因に関しては世帯所得の値に調整を加えず、世帯規模の変化についてのみ調整をおこなうのは恣意的に思える。それでも、あえて世帯規模の縮小を考慮して世帯所得の値を調整するとしても、一九八〇年代と九〇年代の所得の伸びは、未調整の値をごくわずかに上回るにすぎない。実は一九七九年以降、世帯規模調整済みの所得の上昇率が未調整の値より、〇・三％以上高かったことは一度もない〔傍点は筆者〕。一九八九年以降は、調整済みの値と未調整の値がほぼ同じペースで推移している。つまり、所得の伸びが家族の大きさに影響を及ぼしている点を度外視しても、世帯規模未調整の世帯所得のデータがアメリカ人の経済的な豊かさを過小評価しているという主張には十分な裏づけがない。

●過去一〇年間の所得の減少については、以下を参照。
David Leonhardt, "A Decade with No Income Gains," *Economix blog*, *The New York Times*, September 10, 2009, http://economix.blogs.nytimes.com/2009/09/10/a-decade-with-no-income-gain/.（データの出所はアメリカ国勢調査）。

●経済成長の源泉については、以下を参照。
Charles I. Jones, "Sources of U.S. Economic Growth in a World of Ideas," *American Economic Review*, March 2002, 92, 1, 220-239.

●イノベーションの発生率のグラフは、以下の論文をもとに作成した。

Jonathan Huebner, "A possible declining trend for worldwide innovation," *Technological Forecasting & Social Change*, 2005, 72, p.982.

経済成長と生産性向上の鈍化について、ほかには以下を参照。

Gordon C. Bjork, *The Way It Worked and Why It Won't: Structural Change and the Slowdown of U.S. Economic Growth*, Westport, Connecticut: Praeger, 1999.

Robert J. Gordon, "The Slowest Potential Output Growth in U.S. History: Measurement and Interpretation," http://www.frbsf.org/csip/research/200811_Gordon.pdf.

Robert J. Gordon, "Does the New Economy Measure Up to the Great Inventions of the Past?" *Journal of Economic Perspectives*, Fall 2000, 4, 14, pp.49-74.

新しいアイデアの実用化に関して言えば、一九三〇年代が歴史上最も生産性が高い一〇年間だったと、アレクサンダー・Ｊ・フィールドは述べている。この点については、以下を参照。

Alexander J. Field, *A Great Leap Forward: 1930s and U.S. Economic Growth*, New Haven: Yale University Press, 2011.

最近の一部のトレンドを予見していた研究に、以下がある。

C. Owen Paepke, *The Evolution of Progress: The End of Economic Growth and the Beginning of Human Transformation*, New York: Random House, 1992.

全要素生産性（ＴＦＰ）の伸び率の推移については、デービッド・ベックワースが作成したグラフがわかりやすい。このグラフを見れば、ＴＦＰの伸びが一九七三年以降に鈍化していることが見て取れる。ベックワースのグラフは、以下の私のブログで見ることができる。
http://marginalrevolution.com/marginalrevolution/2011/04/total-factor-productivity.html（ベックワースのブログでは、以下に掲載されている。http://macromarketmusings.blogspot.com/2011/02/great-stagnation-and-total-factor.html）

●特許件数と関連の問題については、以下を参照。

Paul S. Segerstrom, "Endogenous Growth Without Scale Effects," *American Economic Review*, December 1998, 88, 5, 1290-1310.

Samuel S. Kortum, "Research, Patenting, and Technological Change," *Econometrica*, November 1997, 65, 6, 1389-1419.

●所得上位層に金融産業関係者が増えている状況については、以下を参照。

Steven Kaplan and Joshua Rauh, "Wall Street and Main Street: What Contributes to the Rise in the Highest Incomes?" *Review of Financial Studies*, 2010, v.23, no.3.

## 第2章　経済の生産性は見かけほど向上していない

●生産性の伸びについては、以下を参照。

Dale W. Jorgenson, Mun S. Ho, and Kevin J. Stiroh, "A Retrospective Look at the U.S. Productivity Growth Resurgence," *Journal of Economic Perspectives*, 2008, 22, No.1, pp.3-24.

Mary Daly and Fred Furlong, "Gains in U.S. Productivity: Stopgap Measures or Lasting Change?" FRBSF Economic Letter 2005-05, March 11, 2005, http://www.frbsf.org/publications/economics/letter/2005/el2005-05.pdf.

●アメリカの医療制度については、以下を参考にした。

R. Glenn Hubbard and Peter Navarro, *Seeds of Destruction: Why the Path to Economic Ruin Runs Through Washington, and How to Reclaim American Prosperity*, FT Press: Upper Saddle River, NJ, 2010, p.177.

●平均余命については、たとえば以下を参照。

http://en.wikipedia.org/wiki/List_of_countries_by_life_expectancy.

　平均余命の算出方法にはさまざまなものがあるが、アメリカより貧しい国のなかにも、アメリカと同等、もしくはそれ以上に平均余命が長い国が少なからずあるというのが一般的認識である。

●医療が生み出す価値を数値化することの難しさについては、以下を参照。
Robin Hanson, "Showing that You Care: The Evolution of Health Altruism," *Medical Hypotheses*, 2008, 70, 4, pp.724-742, http://www.overcomingbias.com/2008/03/showing-that-yo.html.

●メディケイドおよび、医療の価値全般については、以下を参照。
Avik Roy, "Re: The UVa Surgical Outcomes Study," *The Agenda*, July 18, 2010, http://www.nationalreview.com/agenda/231148/re-uva-surgical-outcomes-study/avik-roy.

●医療の生産性に関しては、以下を参照。
Austin Frakt, "The Health Care Productivity Problem," *The Incidental Economist*, June 17, 2010, http://theincidentaleconomist.com/the-health-care-productivity-problem/.

●二〇〇八年の教育支出のデータは、以下のウェブサイトによる。
Christopher Chantrill, "U.S. Education Spending," usgovernmentspending.com.（二〇一〇年九月一四日、以下のウェブサイトで確認。www.usgovernmentspending.com/us_education_spending_20.

html#usgs302）

●二〇〇八年のＧＤＰのデータは、商務省経済分析局（ＢＥＡ）の資料に基づく。
Bureau of Economic Analysis, "National Income and Product Accounts Table 1.1.5, Gross Domestic Product."

●学力テストの成績については、教育省教育科学研究所の全米教育統計センターの資料等を参照。
"NAEP 2008 Trends in Academic Progress," http://nces.ed.gov/nationsreportcard/pdf/main2008/2009479.pdf（二〇〇九年に現在の形でウェブサイト上に発表）

●高校卒業率の下落については、以下を参照。
James J. Heckman and Paul A. LaFontaine, "The declining American high school graduation rate: Evidence, sources, and consequences," *VoxEU*, February 13, 2008, http://www.voxeu.org/index.php?q=node/930.

●生徒一人当たりの教育支出の推移については、以下の教育省の資料を参照。
U.S. Department of Education, Digest of Education Statistics: 2009, Table 182, "Total and current

expenditures per pupil in public elementary and secondary schools: Selected years, 1919-20 through 2006-07," http://nces.ed.gov/programs/digest/d09/tables/dt09_182.asp?referrer=list.

●教育支出と成果の相関関係を見いだしづらいことについて、この分野の権威であるエリック・ハヌシェックは次のように述べている。

「本書所収のマーシャル・スミスの論文にまとめられたデータが示すように、一般的に言って、予算の規模と生徒の学力の間に関連性は認められない」。"Outcomes, Costs, and Incentives in Schools," in *Improving America's Schools: The Role of Incentives*, edited by Eric A. Hanushek and Dale W. Jorgenson, Washington, DC: National Academy Press, 1996, pp.29-52, p39より。

この問題に関する幅広い見解を集めた文献としては、以下がある。ただし、同書所収論文の多くは、やはり予算と成果の関連性について懐疑的な立場を取っている。

Gary Burtless, editor, *Does Money Matter?: The Effect of School Resources on Student Achievement and Adult Success*, Washington, DC: Brookings Institution Press, 1996.

予算と成果の関連性を肯定する論考としては、たとえば以下を参照。

Larry V. Hedges, Richard D. Laine, and Rob Greenwald, "An Exchange: Part I: Does Money Matter? A Meta-Analysis of Studies of the Effects of Differential School Inputs on Student Outcomes," *Educational Researcher*, April 1994, 23, 3, pp.5-14.

それに対する反応としては、以下を参照。なお、本文中で言及したアメリカとアイスランドの教育支出の対GDP比のデータは、同書（p.298）による。

Eric A. Hanushek and Alfred A. Lindseth, *Schoolhouses, Courthouses, and Statehouses: Solving the Funding-Achievement Puzzle in America's Public Schools*, Princeton: Princeton University Press, 2009.

●アメリカの政府支出がGDPに占める割合は、二〇〇六年の時点で三六・一％に達していた。データは以下を参照。http://en.wikipedia.org/wiki/Government_spending.

本書では、金融危機以前のデータをもとに、金融危機によるGDP下落を考慮に入れて数値を修正した。つまり、ここにあげた数字は推計値であり、実際のデータより金融危機の打撃を軽く見積もっている。

●マイケル・マンデルの著作としては、たとえば以下を参照。

Michael Mandel, "Official GDP, Productivity Stats Tell a Different Story of U.S. Economy," *Seeking Alpha*, May 10, 2010, http://seekingalpha.com/article/204083-official-gdp-productivity-stats-tell-a-different-story-of-u-s-economy.

ピーター・シールの発言は、以下の新聞記事から引用した。

Holman W. Jenkins Jr., "Technology=Salvation, An early investor in Facebook and the founder of

Clarium Capital on the subprime crisis and why American ingenuity has hit a dead end," *The Wall Street Journal*, October 9, 2010.

## 第3章　インターネットはなにを変えたのか?

●インターネット関連企業の従業員数については、以下の各企業のウェブサイトを参照。

http://investor.ebay.com/faq.cfm.

http://investor.google.com/corporate/faq.html#employees.

http://www.facebook.com/press/info.php?factsheet.

ツイッターに関しては、以下を参照。

Claire Cain Miller and Tanzina Vega, "After Building a Huge Audience, Twitter Turns to Ads to Cash In," *The New York Times*, October 11, 2010, pp. B1, B4.

●ｉＰｏｄの雇用創出効果については、以下を参照。

Greg Linden, Jason Dedrick, and Kenneth L. Kraemer, "Innovation and Job Creation in a Global Economy: The Case of Apple's iPod," 2008, http://pcic. merage. uci. edu/papers/2009/Innovation

AndJobCreation. pdf.

## 第４章　容易に収穫できる果実の政治学

●所得階層別の税負担割合については、以下を参照。
Tyler Cowen and Alex Tabarrok, *Modern Principles: Macroeconomics*, New York: Worth Publishers, 2009, ch.16, p.340.

●大きな政府が誕生した背景にテクノロジーの進歩があったという仮説を最初に示したのは、歴史家のS・E・ファイナーだ（ただし、公共選択の文脈と関連づけてはいない）。以下を参照。
S. E. Finer, *The History of Government from the Earliest Times*, Oxford: Oxford University Press, 1997.
　また、ブラッドフォード・デロングの以下の未公刊論文も同様のテーマを取り上げているようだ。
Bradford DeLong, "Slouching Towards Utopia"（未公刊だが、ウェブ上で公開されている場合がある）。

●イギリス政府の文書ファイルについては、S. E. Finer, *Ibid*, note 23, p.1617 を参照。

歴史上、初期の大規模な帝国が登場するうえでは、大規模な活動を支えるテクノロジーの進化が不可欠だった。文字と数学の発明、大都市の誕生は、紀元前三五〇〇年頃にメソポタミア（現在のイラク）に築かれたシュメール帝国にさかのぼるというのが定説である。新しいテクノロジーが生まれて、官僚制が築かれる道が突如開けると、官僚制はたちまち拡大した。シュメール帝国の官僚制は、当時最新のテクノロジーだった記録文書、文書ファイル、文書保管庫を積極的に活用した（Finer, pp.105-131 参照）。

二〇世紀前半のように、人類の歴史における大きな飛躍がテクノロジーの力により実現すると、国家の力も大幅に拡大する。二〇世紀前半に登場した最大の巨人は、鉄鋼会社のUSスチールだった。一九〇一年、銀行家のJ・P・モルガンが小さな鉄鋼会社を合併させ、大規模なものだけでも一五六カ所の工場を傘下に収め、一六万八〇〇〇人の従業員を擁する巨大企業をつくり上げた。株式の時価総額は、当時の水準からすると、けたはずれの一四億ドル。同社の年商はたちまちアメリカ財務省の歳入を上回った。このあと、ほかの大企業が相次いで誕生した。ゼネラル・エレクトリック（GE）、ナショナル・ビスケット・カンパニー（現ナビスコ）、アメリカン・カン・カンパニー、イーストマン・コダック、USラバー（現ユニロイヤル）、AT&Tなどである。政府の規模が拡大する数十年前に、一部の企業はすでに巨大化していたのである。別に意外なことではない。政府より民間企業のほうが新しいテクノロジーを上手に取り入れるのは、ごく当たり前のパターンだ（この点についてもファイナーの議論を参照）。

## 第5章　深刻な金融危機を招いた「真犯人」

●マイホームを担保にした借り入れについては、以下を参照。

Edward J. Pinto, "Government Housing Policies in the Lead-up to the Financial Crisis: A Forensic Study," August 14, 2010, www.aei.org/docLib/Pinto-Government-Housing-Policies-Crisis.pdf.

## 第6章　出口はどこにあるのか?

●イングランドの工学と応用科学尊重の文化については、以下を参照。

Jack A. Goldstone, *Why Europe? The Rise of the West in World History 1500-1850*, New York: McGraw Hill, 2008.

# 解説――「夢の未来」が失われた後の経済学[1]

若田部昌澄（早稲田大学政治経済学術院教授）

二〇一一年一月に発表された本書は、すぐに評判となり、アメリカの政策形成に携わる関係者や経済論壇で最も「ホットな」経済書となった。著者タイラー・コーエンは「アメリカで一番ホットなエコノミスト」と呼ばれるようになった。[2] しかもこの本はいくつかの点で特異であったことから大きな話題を呼んだ。電子書籍の形で発売され、短さもあって値段も安くつけられている。だが発行以来、多数の経済ブロガーがこぞって論評し、活発な議論が起き、このたび本国でも紙媒体での書籍が刊行された。なお、本書の翻訳は書籍版に基づいている。

## 1　著者について

著者について簡単に紹介しておこう。タイラー・コーエンは一九六二年一月二一日生まれ。一九八三年にジョージ・メイソン大学を卒業後、一九八七年にはハーヴァード大学で経済学博士号を取得した。その指導教員はトマス・シェリング。二〇〇五年のノーベル経済学賞受賞者であり、また多くの点でコーエンのインスピレーションのもととなっている異色・異能の経済学者だ。コーエンは現在、ジョージ・メイソン大学の教授を務めると同時に、同大学のマーケイタス・センターの所長、公共選択研究センターの一員でもある。彼は二〇〇三年八月に同僚のアレックス・タバロックと始めたブログ Marginal Revolution によって世界でも一、二を争う著名経済ブロガーとなった。そのブログを一読するとわかるように、彼の関心は実に幅広い(3)。その経済学上の業績も幅広く、景気循環理論、貨幣経済学、厚生経済学、文化経済学の領域に及んでいる。また、彼はグルメとしても知られており、ジョージ・メイソンのあるヴァージニア州北部についての彼のレストラン・ガイドは、きわめて有用である(4)。

## 2　本書の主張

本書における著者の主張は明快だ。彼は、アメリカ経済の繁栄を支えてきた条件である「容易に収穫できる果実」は食べつくされたという。それらは、①無償の土地（先住民から略奪したもの）、②イノベーション（技術革新）、そして③賢いながらもこれまで教育を受けてこなかった子どもたち、という三つである。一九世紀末までに①が消滅し、現在は②と③が消滅しつつある。現在の経済危機によって短期の変動に気を取られがちであるが、長期的にはこれらの条件が失われたことがアメリカの将来にとって大きな意味があるという。

この中で最も興味深く、また論議を呼んでいるのが②の技術革新の枯渇である。イノベーションのリーダーだったアメリカは、一九七三年以降、実質経済成長率がそれまでの年率三％から鈍化した。その原因は結局、イノベーションの減退に起因すると彼は主張する。

半世紀ほど前の社会、たとえば一九六九年を振りかえろう。当時、既に自動車もテレビも冷蔵庫もあった。人類は月面着陸に成功した。現在、自動車はより速くより快適に、テレビはより大きくより画面が美しく、そして冷蔵庫はよりエネルギー効率が高まった。スペースシャトルも一時期定期的に飛行していた。だがそれらは我々の生活を大きく変えるものではないとコーエンはいう。あの頃少年・少女だった人が思い出してみればわかるように、今頃は宇宙旅行も、携帯ジェット推進機も、空中自動車も、気象統御も可能なはずだった。日本でいえば一九六〇年代によくみかけた真鍋博のイラストなどを思い出せばよいだろうか。しかし、それら「夢の未来」は実現していないという。ちなみにスペースシャトルも二〇一一年七月八日に最後のフライトを迎えた。

「IT（情報技術）産業は生活を変えたのでは」と思う向きもあろう。この本自体が最初に電子書籍で刊行され、編集から出版までの時間が大幅に短縮できた。コーエンが情熱的に利用するブログやツイッターで我々が世界中と結びついているのも事実だ。携帯電話もほとんど普及した。確かに生活は変わったといえよう。だが過去のイノベーションと異なり、雇用や収入を生み出していないと彼はいう。最近の成功例のフェイスブックでいえば、今後大幅増員が見込まれるとしても、現在の雇用者は本書の頃より少しは増えたものの、二〇〇〇人にすぎない(5)。

現在の成長部門と目される健康・医療・教育部門も問題が多い。政府部門の関与が大きく、多くの場合、規模が拡大しているのは費用が増大しているからにすぎない。そうした部門での生産性は低い。ここで注意すべきなのは、通常の財・サービスは市場で取引されるために、そこで決まる価格は市場での人々の評価を反映しているのに対して、市場分野が弱い健康・医療・教育部門では、価格が人々の評価を反映していないということだ。

③の教育についてもなるほどと思わせる論点を含んでいる。教育問題というと、教師の質の低さや、公教育に伴う努力供給インセンティブの欠落など、教育サービスの供給面に注目しがちだが、コーエンは教育の需要・受容者の側に目を向けている。

本書は一九七〇年代から続く長期的な傾向を論じたものであり、短期的な政策について直接論じるものではない。しかし、経済危機の背景についてては興味深い議論をしている。すなわち今回の経済危機は、これまでの経験から導かれる、人々の高い期待成長率と実現可能な成長率とのギャップがもたらしたものという。バブルの原因としてよく挙げられるのは将来についての成長期待である。成長期待が実際に可能な成長率以上になるときバブルは起こりやすくなる。それゆえ、今回の経済危機は長期的な傾向の変化がもたらした短期的現象とみなすこともできる。

本書の面白さと革新性は、経済危機以降の米国での経済論争の焦点を変えた点にあるだろう。つまり、経済危機を短期的現象ととらえてその対応の是非について論じていた議論を長期的なものへと変えたことにある。もちろん、「新しい現実（ニュー・ノーマル）」を唱える論者はほかにもいる。有名なところでは米債券運用会社ピムコ（ＰＩＭＣＯ）の最高経営責任者モハメド・エラリアンがそうだ。対してコーエンの面白さは、経済危機は一つの「通過点」にすぎず、問題の核心はそれ以前から起きていた「構造的要因」にあるとして、その要因を技術革新の衰退にみるところだ。

本書を注意深く読めばわかるように、〝大停滞〟といっても彼の真意は経済成長率の鈍化、おそらくは実質GDP成長率で測って三%から二%程度への低下であり、ゼロ成長論というわけではない。また、大停滞がこれから未来永劫に続くといっているわけではなく、将来に「容易に収穫できる果実」が生まれる可能性を否定はしていない。さらに彼は、アメリカのような技術のフロンティアに到達していない経済（たとえば中国やインドなど）がアメリカにキャッチアップすることによって高度経済成長を遂げることは認めている。しかし、現代の経済成長理論が説くように、持続的な経済成長の源泉は技術革新をはじめとする新しい知識の増加である。というのも、何も新しい知識が増えないならば、やがて生産の規模を拡大していくにつれて費用が生産物の増える以上に増えていき、収益率が下がっていくからである（これを限界生産力逓減とよぶ[6]）。基本の論理は経済学に基づいている。

## 3 若干の論争について

もっとも論争の的となっているように、本書には問題点も多々ある。その「代表」は、技術革新が枯渇したという命題の妥当性と、処方箋の弱さだ。

第一の技術革新枯渇命題について。コーエンは人口当たりのイノベーションの数が減少している様子を示した。これは、技術史家のブライアン・バンチらが作成したイノベーションに関するリストを基に、独立研究者（大学や研究機関に所属していない研究者）のジョナサン・ヒューブナーが作成したものだ。ここでいうイノベーションはいわゆる画期的発明・技術革新（ブレークスルー）であり、選別の恣意性には批判が根強い。

このヒューブナーの図（四一ページ）については、技術について造詣の深い経済史家のジョエル・モキーア米ノースウェスタン大学教授は「画期性には乏しい革新、あるいは技術以外の社会的制度的革新も考慮すべきだ」と批判する。さらにITの他産業への波及効果は計算しておらず、IT産業の影響度を過小評価しているともいえる。

とはいえコーエン教授の主張は根拠がないものでもない。本書が引用しているように、そこにはいくつかの証拠がある。経済成長論で著名なチャールズ・ジョーンズ米スタンフォード大学教授の一連の研究では、米国の成長率の約八割は過去の知識の応用に基づいているという。新規の革新数が減れば、今後は応用のネタが少なくなると考えられる。

また生産性研究の泰斗、ロバート・J・ゴードン米ノースウェスタン大学教授は二〇〇八年の論文で、年三〜三・五％というアメリカ経済の潜在成長率は〇八年で既に二・五％に下がり、さらに〇八年からの二〇年間の生産性上昇率は年率平均一・三％程度、実質潜在成長率は二・三五％に減速するとの見通しを示した。その根拠の一つには、デール・ジョルゲンソン米ハーヴァード大学教授らが〇八年に発表した論文がある。ここでは教育の向上から得られる利益が今後は停滞することが示された。その結果、今後二〇年間、アメリカ経済は「史上最も成長の遅い時代を迎える」とゴードンはいう。

もちろん、こうした予測が正しいかどうかは知りようがない。とりわけイノベーションは不確実な現象だから、我々には予測する正確な手段がない。アインシュタインがかつて「何がでてくるかわからないから研究をしている」と述べたように、新しい知識の創出の本質は不確実性にある。

ただし歴史をひもとくならば、これまでの悲観論は打ち破られてきたといってよい。人類の一〇万年史を描いたイギリスの科学ジャーナリスト、マット・リドレーの『繁栄』(Ridley 2010) が示すように、一八世紀末のトマス・ロバート・マルサスの『人口論』(一七九八年)、一九七〇年代のローマクラブ報告書『成長の限界』(一九七二年) など、悲観的な予測はことごとく外れた。

過去の悲観論が人口の増大や資源の枯渇に依拠するのに対し、コーエン教授の議論は革新の種に焦点をあてている。けれども技術革新枯渇論もさほど新しくはないといえる。一九三〇年代の大恐慌の余波も冷めやらぬ時期、米ハーヴァード大学教授だったアルビン・ハンセンは、一九三八年の『完全復活か停滞か』(Hansen 1938)や同年の米国経済学会会長講演(Hansen 1939)で、①人口増加率の減退、②新しい領土の消滅、③技術革新の余地の枯渇という三点を理由に長期停滞論を唱えた。この議論は一時流行したが、同時代のジョセフ・シュンペーターは否定した。

これが第二の処方箋に関わる。ハンセンは、長期停滞の原因は革新の枯渇による投資需要不足にあると説いたけれども、有効需要の不足は政府による継続的な財政政策の発動で補えると考えた。だからハンセンの場合は長期停滞論とはいえ、処方箋は楽観的であった。他方、コーエンは供給側に目を向けており、また政府介入は生産性を下げるので、処方箋たりえない。では所得再分配によってアメリカの中間層の所得を向上させるのはどうか。これも政府介入にあたるから処方箋たりえない。チェスが得意なコーエンらしく、彼はチェック・メイトを繰り出していく。

コーエンの処方箋は社会における科学者の地位を向上させるべきだといったものである。それは数少ないフリー・ランチであるともいう。確かにこれは傾聴に値するものの、具体性に欠ける。また、疑問も出てくるだろう。彼によれば大停滞が始まったのは一九七三年だ。そもそもなぜ一九七三年にこの変化が生じたのか。これはコーエンの関心ではないにせよ、診断と処方箋が正しいかどうかを理解するには必要な作業だ。この時期にアメリカで科学者に対する敬意が突然低くなったわけではないだろうから、この停滞の原因はいぜんとしてミステリーである。

一方でコーエンは「新しい現実」を直視して期待成長率を引き下げよという。これは「やればできる」、「イエス、ウィ・キャン」をほとんど国是とする米国では極めて珍しい「諦念」の勧めである。それはまたある種の「自己満足」の表れでもあるかもしれない。米国も先進国も「容易に収穫できる果実」は枯渇しておらず、気づかないだけかもしれない。

経済史家のアレクサンダー・フィールド米サンタクララ大学教授による論文と、そして最近の著作『大躍進』が示したように、大恐慌期の一九二九〜四一年は米国で最も技術革新が盛んな時代だった。それでも大恐慌だったのは原因が需要側にあったからだ。

先行きが明るい時期に楽観論がはやるように、不透明な時代には悲観論が流行するのかもしれない。もしも過度の楽観論が今回の経済危機を生んだのなら、過度の悲観論は長期の成長可能性を見誤らせる可能性もある。逆に成長期待が低くなることで現実の成長実績も低くなるかもしれない。

## 4　日本、そしてアメリカ

さて、本書では日本についても言及されており、さらに日本語版には著者の序文が付け加えられている。一読してわかるように、日本は大停滞の先進国であり、この成長期待の低下にうまく対応しているという著者の見方はなかなか刺激的であり、著者の立場がよくわかる。著者が学部を出て、現在教鞭をとっているジョージ・メイソン大学は経済学の論理を使って政治を分析する公共選択理論だけでなく、現代オーストリア学派の拠点としても知られている。

現代オーストリア学派は、フリードリッヒ・フォン・ハイエク、ルートヴィッヒ・フォン・ミーゼスらが第二次大戦前後にアメリカに流れついてきたところから始まった。現在はアメリカが根拠地なのでオーストリア学派というのは実態にそぐわないものの、リバタリアニズムとの親和性もあってアメリカでは根強い人気を誇っている。その経済学は、できるだけ政府の規制や介入を排した市場経済を重視するもので、マクロ経済政策については全般的に否定的か懐疑的である。コーエン自身は折衷的であり、経済危機の直後にはアメリカ連邦準備制度理事会（FRB）の大金融緩和政策に賛成しているし、現代のマネタリストであり名目国内総生産（GDP）を目標とした金融政策運営を強く主張するスコット・サムナー（ベントリー大学）のブログには常に賞賛を惜しんでいない。しかし、本書や『創造的破壊』（Cowen 2002）のはしばしにみられるように、彼が経済を実物的な要因から見ることに魅力を感じていることはまぎれもない。たとえば『創造的破壊』では題名通りシュンペーターを思わせる議論を文化に応用し、文化を支えるエートス（気質）が失われることでこれまで蓄積された技術が失われるという議論をしている。

本書をとりまく状況は、近年再燃し始めた「アメリカは日本化するか」という議論の中に位置づけることもできるだろう。一つの大きな焦点は金融政策を含むマクロ経済政策の有効性と限界をめぐるものだ。二〇一一年六月でFRBの行ってきた量的緩和政策第二弾（通称QEⅡ）が終焉を迎え、他方、アメリカ連邦議会では債務の上限値引き上げが政治的争点となった。ここにきてアメリカではまたもや論争が起きつつある。ポール・クルーグマン（プリンストン大学）、アラン・ブラインダー（プリンストン大学）、ラリー・サマーズ（ハーヴァード大学）、クリスティーナ・ローマー（カリフォルニア大学バークレー校）らがさらなるマクロ政策の必要性を説く一方で、ラグラム・ラジャン（シカゴ大学）、ジョン・テイラー（スタンフォード大学）などは現在の政策について緩和的にすぎるとして批判的である。ことにラジャンは、金融政策はフリー・ランチではないとして、長期にわたる超低金利政策が資源配分の非効率性をもたらす弊害について語っている（Rajan 2011）。こうした議論には日本の読者は既視感をおぼえるだろう。もっとも、アメリカではデフレへの突入は未然に食い止められたし、最近の景気拡大で財政赤字は縮小している。このように、論争には日米で共通する部分とそうでない部分があるにせよ、こうした文脈ではコーエンは一種の「構造問題」を重視する側に入るだろう。

著者の日本に関する見解については、二〇一一年の五月に私自身メールで問い合わせてみた。まず私は、著者の理解には異論がある旨を次のように伝えた。①日本がうまく大停滞に対応しているというけれども自殺率は上昇している。また、②日本の場合はデフレが続いていることが停滞の要因ではないか、停滞が続けば著者のいう日本の技術改善もなされないのではないか、と。これから飛行機に乗るという忙しいところを著者には丁寧に対応してもらった。

その要点は、①平均寿命は今でも延びており、自殺率は一つの指標に過ぎない。また自殺率は経済的指標との相関が弱いことが知られており、不況が原因とは考えられない。②日銀がよい仕事をしているとは思わないけれども、二五年も続く停滞が貨幣的要因によるものとは思われない。またデフレだからといって実質経済成長率が小さくなるわけではないとして、一九世紀末のデフレを例として挙げた。これに対してさらに私は、次のように反論した。①少なくとも日本では男性失業率と自殺率には相関関係がみられるという英文での研究をいくつか挙げ、②長期停滞は二五年間すべて一様ではなく、二〇〇二〜二〇〇六年のように景気が回復した時期があり、これは量的緩和と軌を一にしている。そして不景気になっても名目賃金や債務がなかなか下がらない（これを名目値の下方硬直性という）二〇世紀以降の状況と一九世紀末のデフレは、同一には論じられないのではないかとも述べた。

日本は果たしてコーエンのいうような意味での大停滞の先進国なのだろうか。まず日本がアメリカのような技術のフロンティアに到達しているかどうかは議論の分かれるところかもしれない。技術のフロンティアに到達していないとしたら、フロンティアにキャッチアップすることで成長の余地がある。かりに日本の技術水準にはアメリカと比べて遜色がなくても、なんらかの理由でその利用を妨げる政策や制度が日本にあるのならば、それらを改革することで日本経済のポテンシャルを生かす努力はできる。実際、諸外国で試されてうまくいっている政策や制度でも日本では導入されていないものが多い。しかし、かりに技術のフロンティアに到達しているとしても、約二〇兆円もの需給ギャップが存在する（二〇一一年五月時点）。その場合にはマクロ政策を総動員してこのギャップを埋めるだけで短期的には成長を見込むことはできる。なによりも、先進国でデフレに陥っているのは日本だけだし、四％程度の名目成長率を達成していないのも日本だけである。[7] 成長をあきらめる前に日本がやるべきことは多い。

## 5　最後に

日本経済新聞の経済教室での記事をきっかけに本書の翻訳に興味を示してくれたのはNTT出版の宮崎志乃さんである。こういう反応は素直にうれしい。また翻訳者の池村千秋さんには短期間で翻訳を作成していただいた。お二人に感謝したい。最後に私のメールでの質問に快く回答していただき、やりとりの紹介を了解していただいた著者に感謝したい。コーエン教授は、自分のことをコントラリアンであると言っている。これは人と反対の行動をとったり、意見をいったりする人のことだ（悪くいうと天邪鬼ということだろうか）。そうみると、多様なコーエン教授の著作活動の中心もよくわかる。彼には人とは異なる視点をあえて提示するところがある。だからこそ市場を尊重する現代オーストリア学派を思想的背景としながら今回の経済危機の原因を市場の失敗とみなしたり、楽観主義のアメリカで諦念を説いたり、次に「容易に収穫できる果実」が来たとしてもその副作用に注意せよと述べたりするのだろう。私へのメールで、コーエンは本書が日本では論争的に受け止められるだろうと述べていた。刺激的な本書が思索の種となることを期待してやまない。

## 註

（1）この解説は、私の書いた「エコノミクストレンド　成長の源泉は失われたか」『日本経済新聞』二〇一一年三月七日を一部使用している。

（2）これは、彼の個人的プロフィールをとりあげた二〇一一年五月三〇日号の Businessweek の言葉（http://www.businessweek.com/magazine/content/11_23/b4231066695798.htm）。

(3) コーエンの著作については、彼のＨＰがある。http://www.gmu.edu/centers/publicchoice/faculty%20pages/Tyler/index.html。ただし、二〇〇九年以降は、ほとんど改訂されていないようだ。彼とタバロックのブログは、http://marginalrevolution.com/である。このブログの名前は、経済学でおなじみの一八七〇年代に起きた経済学における分析手法の変化、「限界革命」とかけている。と同時に、革命なのに些細な（marginal）、あるいは些細なことが革命に結びつくという意味も込められており、なるほどコーエンらしいといえよう。ちなみに、このブログは、そもそも彼ら二人に経済学の教科書を書く計画が持ち上がったとき、コーエンが「まずブログを書いてから、教科書を書こう」と提案したところから始まったという。その教科書は二〇一〇年に刊行された（Cowen and Tabarrok 2010）。二〇一一年三月、Time誌は、同ブログをBest Financial Blogsの三位に位置づけた。http://www.time.com/time/specials/packages/article/0,28804,2057116_2057343_2057284,00.html

(4) 少なくとも私がジョージ・メイソン大学を訪問したときにはきわめて役に立った。かつてはレストラン砂漠と呼ばれたワシントンＤＣ郊外で料理文化が花開いているのはグローバル化のおかげだろう。コーエンのレストラン・ガイドは今ではブログ化されている。http://tylercowensethnicdiningguide.com/

(5) 依田　２０１１も、ＩＴ産業は大きな付加価値を生んでいないという指摘をしている。

(6) 現代の経済成長理論についての入門的教科書として有用なのはWeil 2008である。

(7) かりに実質成長率が一・五％であるとしても、物価上昇率が二・五％ならば四％の達成は可能である。

## 参照文献


依田高典(2011)、『次世代インターネットの経済学』岩波新書、二〇一一年。

Cowen, Tyler (2002), *Creative Destruction: How Globalization is Changing the World's Cultures*, Princeton: Princeton University Press.(タイラー・コーエン著、田中秀臣監訳・解説、浜野志保訳『創造的破壊——グローバル文化経済学とコンテンツ産業』作品社、二〇一一年)

———, and Alex Tabarrok (2010), *Modern Principles of Economics*, New York: Worth.

Hansen, Alvin H. (1938), *Full Recovery or Stagnation?*, New York: W.W. Norton.

———(1939), "Economic Progress and Declining Population Growth," *American Economic Review*, Vol.29, NO.1, pp.1-15.

Rajan, Raghuram (2011), "Money Magic," Project Syndicate, June 8, 2011. http://www.project-syndicate.org/commentary/rajan18/English.

Ridley, Matt (2010), *The Rational Optimist: How Prosperity Evolves*, New York: Harper.(マット・リドレー著、大田直子・鍛原多惠子・柴田裕之訳『繁栄——明日を切り拓くための人類10万年史』早川書房、二〇一〇年)

Weil, David N. (2008), *Economic Growth*, Second edition, Pearson Education.(デイヴィッド・N・ワイル著、早見弘・早見均訳『経済成長[第2版]』ピアソン桐原、二〇一〇年)

## 著者紹介

**タイラー・コーエン**（Tyler Cowen）

米ジョージ・メイソン大学経済学教授。一九六二年生まれ。ハーヴァード大学にて経済学博士号を取得。著者が運営する経済ブログ「Marginal Revolution（http://www.marginalrevolution.com）」は世界的に人気を博している。二〇一一年、英エコノミスト誌で「今後最も世界に影響を与える経済学者の一人」に選ばれ、本書『大停滞』は、米ビジネスウィーク誌が「最も話題の経済書」と呼び、米国の政策形成関係者や経済論壇で議論を巻き起こした。著書に『インセンティブ――自分と世界をうまく動かす』『フレーミング――「自分の経済学」で幸福を切りとる』（以上、日経BP社）、『創造的破壊――グローバル文化経済学とコンテンツ産業』（作品社）などがある。

## 解説者紹介

**若田部昌澄**（わかたべ・まさずみ）

早稲田大学政治経済学術院教授。一九六五年生まれ。早稲田大学大学院経済学研究科、トロント大学経済学大学院に学ぶ。著書に『経済学者たちの闘い――エコノミックスの考古学』（東洋経済新報社）、『改革の経済学――回復をもたらす経済政策の条件』（ダイヤモンド社）、『危機の経済政策――なぜ起きたのか、何を学ぶのか』（日本評論社、第三一回石橋湛山賞受賞）など。

## 訳者紹介

**池村千秋**（いけむら・ちあき）

翻訳家。おもな訳書に『ホワイトスペース戦略』（阪急コミュニケーションズ）、『マネジャーの実像』（日経BP社）、『失われた場を探して――ロストジェネレーションの社会学』（NTT出版）ほか多数。

# 大停滞

二〇一一年九月二八日初版第一刷発行

著者　タイラー・コーエン
解説者　若田部昌澄
訳者　池村千秋
発行者　軸屋真司
発行所　NTT出版株式会社
〒一四一－八六五四
東京都品川区上大崎三－一－一
JR東急目黒ビル
営業本部　電話　〇三－五四三四－一〇一〇
ファクス　〇三－五四三四－一〇〇八
出版本部　電話　〇三－五四三四－一〇〇一
http://www.nttpub.co.jp/
装丁　松田行正＋日向麻梨子
印刷・製本　中央精版印刷株式会社



ISBN 978-4-7571-2280-2 C0033
乱丁・落丁本はおとりかえいたします。
定価はカバーに表示しています。